介護とお金の悩みを実家で解決する本

～認知症で資産を凍結させない実家信託活用法～

一般社団法人 実家信託協会理事長
司法書士法人ソレイユ 代表司法書士 **杉谷 範子** 著

公認会計士 税理士 **成田 一正** 税務監修

JN074438

近代セールス社

はじめに

　「親の介護、お金、実家」について、親も子どもも常に頭の片隅で気になっている事柄ではありませんか？「人生100年時代！」と世間では華々しいですが、果たしてどのようなラストを迎えることができるのでしょうか？

　実は、私の母親は脳梗塞のために『一晩で』判断能力を失って、寝たきりの状態が10年以上続いており、施設でお世話になっています。一方、私の父親は、亡くなる2日前までは元気に働いていましたが、軽い風邪をきっかけに救急搬送され、わずか2時間で亡くなりました。

　「誰も自分の終末の状態や時期を選ぶことはできない……」

　私は身をもって学びました。親が判断能力を失うと、また、何も準備しないまま亡くなると資産は凍結します。「親に何かあったら考えよう」では遅いのです。

　この度は親思い、子思いのご家族だけでなく、それらの方々を支える幅広い専門家（士業の他に、金融マン、保険パーソン、相続相談員、不動産業者など）に向けて、認知症になっても相続が起きても実家を活用できる「実家信託」について執筆しました。第6章ではお客様へのアプローチをご案内していますので、最初にそちらを読まれてもよろしいかと思います。そして、イメージできるお客様の背中を押して差し上げてください。第三者からのアドバイスは結構、効果があるものです。

　ご家族の中で大きな資産である実家を凍結させないために、実家信託が日本のインフラになることを願っています。

2020年2月

杉谷 範子

目　次

はじめに

第1章●超高齢社会に起因するさまざまな問題

１．認知症で判断能力を喪失するとは ································ 8
　（1）認知症の定義について ··································· 8
　（2）重要な本人の意思確認 ··································· 9
　（3）平均寿命と健康寿命 ···································· 10
　（4）認知症高齢者と要介護認定 ······························· 11
　（5）高齢者の資産状況 ····································· 16
２．増加する相続紛争と預貯金の払戻し ···························· 20
　（1）増え続ける遺産分割事件 ································· 20
　（2）不動産の分割方法 ····································· 26
３．相続財産の凍結と空き家の増加 ····························· 28
　（1）争わないのに遺産が凍結される ···························· 28
　（2）増加の一途をたどる空き家 ······························· 29
　（3）空家対策特措法の内容 ·································· 34
　（4）空き家特別控除の内容 ·································· 35
４．実家の凍結と超高齢社会のリスク ···························· 38
　（1）実家の売却・賃貸に障害となる原因 ·························· 38
　（2）超高齢社会のリスクのまとめ ······························ 39
　（3）相続法の改正とその影響 ································· 40

第2章●介護・相続の発生と実家の売却・賃貸

１．実家の売却と所有者の判断能力 ····························· 44
　（1）実家売却のプロセス ···································· 44

（2）売却の手続きと所有者の意思確認 ················ 45

（3）実家の売却と住宅ローン ················ 47

2．実家の賃貸と判断能力 ················ 47

（1）実家賃貸のプロセス ················ 47

（2）借家契約の種類と内容 ················ 48

（3）実家の賃貸手続きと判断能力 ················ 51

3．相続発生後の実家の売買・賃貸 ················ 53

（1）遺言がない相続への対応 ················ 53

（2）遺言書がある相続への対応 ················ 55

（3）不動産を共有することのリスク ················ 56

第3章●判断能力の喪失と実家の活用方法

1．親が元気なときに贈与する ················ 60

（1）贈与契約の締結と売却・賃貸 ················ 60

（2）贈与税の計算方法 ················ 61

（3）相続時精算課税制度の利用 ················ 63

（4）贈与税その他の税金の負担 ················ 64

（5）不動産の譲渡所得にかかる税金 ················ 65

（6）贈与された子ども等（受贈者）の判断能力 ················ 67

（7）生前贈与のメリット・デメリット ················ 68

（8）生前贈与に向いている家族、向いていない家族 ················ 68

2．親が元気なときに売却する ················ 69

（1）親子間で売買してから売却まで ················ 69

（2）譲渡益課税についての留意点 ················ 70

（3）売買のメリット・デメリット ················ 70

（4）売買に向いている家族、向いていない家族 ················ 71

3．法定後見制度を利用する ················ 71

（1）成年後見制度とは ……………………………………………… *71*

（2）法定後見制度とは ……………………………………………… *73*

（3）法定後見人が就くまでの流れ、時間、費用 ………………… *75*

（4）法定後見人による実家の売却 ………………………………… *76*

（5）法定後見人による売却代金の管理 …………………………… *78*

（6）法定後見人への報酬 …………………………………………… *79*

（7）法定後見に向いている家族、向いていない家族 ………… *81*

（8）法定後見のメリット・デメリット ………………………… *82*

4．親が元気なときに任意後見契約を結んでおく ………………… *82*

（1）任意後見制度とは ……………………………………………… *82*

（2）任意後見制度における任意後見人の役割 ………………… *85*

（3）任意後見制度における報酬、負担、制限 ………………… *85*

（4）任意後見制度のメリット・デメリット …………………… *88*

（5）代理権目録に入れられる行為 ……………………………… *88*

（6）任意後見監督人が就くまでの流れ、時間、費用 ………… *89*

（7）任意後見人による実家の売却 ……………………………… *92*

（8）任意後見人による売却代金の管理 ………………………… *93*

（9）任意後見契約の終了 ………………………………………… *93*

（10）任意後見に向いている家族、向いていない家族 ………… *94*

5．親が元気なときに実家信託契約を結ぶ ……………………… *94*

（1）実家信託の効果 ……………………………………………… *94*

（2）受託者による売却金や賃料の管理 ………………………… *97*

（3）実家信託に向いている家族、向いていない家族 ………… *97*

6．パターン別・売買時の費用と効果 …………………………… *97*

第4章●実家信託の仕組み

1．家族信託とは、実家信託とは ………………………………… *102*

（1）信託で財産の名義を変える ································ *102*

（2）民事信託、家族信託、実家信託 ···················· *103*

2．信託の法的な仕組み ······································· *105*

（1）所有と名義の分離 ······································· *105*

（2）信託の名義変更 ··· *106*

3．後見、遺言、信託の制度の比較 ························· *107*

（1）「健常期」·· *108*

（2）「能力減退期」··· *108*

（3）「能力喪失期」··· *108*

（4）「相続」·· *109*

（5）「二次相続以降」·· *110*

4．信託の登場人物と役割 ···································· *110*

（1）委託者とは ··· *111*

（2）受託者とは ··· *113*

（3）受益者とは ··· *116*

5．信託の目的 ··· *118*

6．信託の変更 ··· *119*

7．信託の終了 ··· *119*

8．信託と不動産にかかる税金 ······························· *120*

（1）不動産の名義変更にかかる税金 ················· *121*

（2）信託の途中でかかる税金 ···························· *122*

（3）信託の終了時にかかる税金 ························· *123*

第5章●実家信託パックの契約と手続き

1．実家信託パックとは ··· *126*

2．実家信託パック利用の流れ ······························ *127*

（1）チェックシートにより要件を確認 ···················· *128*

（2）資料を取り受けて見積りを作成 ……………………………… *132*

（3）お客様との面談を実施 ………………………………………… *135*

（4）松、竹、梅コースから選択 …………………………………… *138*

（5）家族会議を開催 ………………………………………………… *146*

（6）実家信託パック委任契約の締結 ……………………………… *150*

（7）着金確認、信託契約書案の作成、公証人・金融機関との打合せ …… *150*

（8）委託者・受託者と内容を確認、説明 ………………………… *152*

（9）公証役場で手続きを実施 ……………………………………… *153*

（10）不動産について信託の登記を申請 …………………………… *153*

（11）損害保険会社に名義変更を通知 ……………………………… *155*

（12）登記事項証明書等各種の書類を返却 ………………………… *156*

（13）信託終了までフォローを実施 ………………………………… *157*

第6章●ケース別・実家信託のアプローチ＆トーク

ケース1●子どもに迷惑をかけたくない親へのアプローチ ………… *160*

ケース2●まだ実家を売るつもりのない親へのアプローチ ………… *162*

ケース3●兄弟仲を気にしている親へのアプローチ ………………… *164*

ケース4●介護費用は立て替えるという子へのアプローチ ………… *166*

ケース5●父親の相続で実家を母親名義にした家族へのアプローチ …… *168*

ケース6●親と同居している子へのアプローチ ……………………… *170*

ケース7●外国人の配偶者がいる家族へのアプローチ ……………… *173*

ケース8●相続人が海外にいる家族へのアプローチ ………………… *175*

ケース9●お一人様や相続人のいない夫婦へのアプローチ ………… *177*

ケース10●再婚した配偶者がいる家族へのアプローチ ……………… *179*

おわりに

第1章●
超高齢社会に起因する
さまざまな問題

第1章●超高齢社会に起因するさまざまな問題

　首都圏に住むＡ子さんから、次のような相談を受けました。

「私の友人のＢ子は、母親の介護のために実家を売ろうとしたのですが、母親が寝たきりで意思能力がなくなってしまい、実家が売れないと困って私に相談してきました。Ｂ子は母親の実印を預かっているので、母親の代理で契約できると思い不動産会社に相談したら、売れないと言われたそうです。こんなことってあるのですか。最悪なことに建物を取り壊した方が買い手がつくと思い込んで更地にしてしまったので、固定資産税や都市計画税などの税金が6倍近く増えたそうです。実は自分も同じような立場になるかもしれません。私の母はまだ元気ですが、最近、物忘れが増えてきたので不安です」

　このように実家が売れないという事態が、現在、日本の至る所で起きています。つまり、親が重い認知症などを患い判断能力がなくなると、療養看護の費用に親の財産が使えなくなってしまうのです。

　そこで第1章では、超高齢社会に起因するさまざまな問題とリスクについて、資料を参照しながら説明していきます。

１．認知症で判断能力を喪失するとは

（１）認知症の定義について

　「認知症」と言えばアルツハイマーを連想されると思いますが、本書では、「認知症」を広義に捉えて、何らかの病気やケガによって脳の神経細胞が壊れるために起こる症状や状態の全般を指すことにします。

　具体的には、認知症と言われる「アルツハイマー型認知症」や「レビー小体型認知症」のように、徐々に脳の神経細胞が死滅していき、あ

る程度の期間にわたり判断能力が減退していく"狭義の認知症"に加えて、脳血管疾患（脳卒中）など、脳の血管が詰まる「脳梗塞（のうこうそく）」と、脳の血管が破れて出血する「脳出血」や「くも膜下出血」など、症状が急に現れる「血管性認知症」を合わせて認知症とします。

　広義の認知症……①と②を合わせて認知症とします。

　　①狭義の認知症（徐々に脳細胞が死滅）

　　　→「アルツハイマー型認知症」や「レビー小体型認知症」など

　　②脳血管疾患（脳卒中）

　　　→血管が詰まったり破れたりして、症状が急に現れる「脳出血」や「くも膜下出血」など

（2）重要な本人の意思確認

　筆者が金融機関に勤務していた平成のはじめくらいまでは、「形式が整っていれば大丈夫な時代」でした。つまり、通帳と印鑑があれば口座名義人以外でも、預金を下ろすことができました。しかし現在は違います。コンプライアンス、つまり「法律を守ること」が厳しく求められる時代です。

　振り込め詐欺による被害や、子どもが親の財産を使い込むというトラブルが増加したこともあり、金融機関は「預金者本人の意思確認」を厳重に行うようになりました。そこで、金融機関の窓口で子どもが親の預金を下ろそうとすると、「本人を連れて来てください」と言われることが増えてきました。チェックが甘く預金者に被害が及ぶと、注意義務違反に問われることがあるため、金融機関も慎重にならざるを得ないのです。

　不動産についても預金と同様、十数年前までは不動産の権利証（現在は「登記識別情報」という）に所有者の実印と印鑑証明書があれば、子どもが親の代理で売買することができました。こちらも「形式が整って

いれば大丈夫な時代」でした。

　しかし、今は本人の意思確認を厳重にしなくてはなりません。親の判断能力がなくなった場合に備えて、親が元気な間に「子どもが代わりに適当な時期に子どもの判断で不動産を売って欲しい」と書面を残していても、たとえその書面が公正証書でも売買はできません。売る時点での所有者本人の意思が重要だからです。

（3）平均寿命と健康寿命

　日本人の寿命について常に話題に上るのが、「平均寿命」ですが、「健康寿命」という指標もあります。この健康寿命とは、日常生活に制限のない期間を指し、平成28年（2016年）時点で男性が72.14歳、女性が74.79歳となっています。平均寿命は、男性が80.98歳、女性が87.14歳です。これらのデータは、2001年から3年ごとに統計が発表されていますが、いずれも年々伸びていることが分かります（図表1-1）。

図表1-1　健康寿命と平均寿命の推移

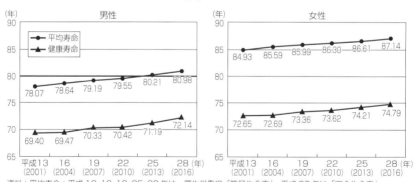

資料：平均寿命：平成13・16・19・25・28年は、厚生労働省「簡易生命表」、平成22年は「完全生命表」
　　　健康寿命：平成13・16・19・22年は、厚生労働科学研究費補助金「健康寿命における将来予測と生活習慣病
　　　対策の費用対効果に関する研究」、平成25・28年は「第11回健康日本21（第二次）推進専門委員会資料」

出所：令和元年版・内閣府「高齢社会白書」

　ところで、健康寿命と平均寿命の差は日常生活に制限のある“健康ではない期間”ですが、2001年から15年経過しても短縮されることはな

く、男性が約9年、女性が約12年と縮まっていません。つまり、男女ともに天寿を全うするまでの10年程度は、この"健康ではない期間"を平均的に迎えることになります。

(4) 認知症高齢者と要介護認定

①認知症高齢者の割合

　内閣府が発表した高齢社会白書によると、2012年の認知症高齢者は462万人で、65歳以上の高齢者の約7人に1人でしたが、2025年には1,405万人と約5人に1人になると予想しています（図表1-2）。平均寿命が毎年伸び、高度な医療を多くの人が受けられる日本においては、数十年前ならすでに寿命が尽きていた高齢者が、現在ではまだ生きているということです。ただし、長生きはできても判断能力は衰えることが多いのです。

図表1-2　65歳以上の認知症患者の推定者と推定有病率

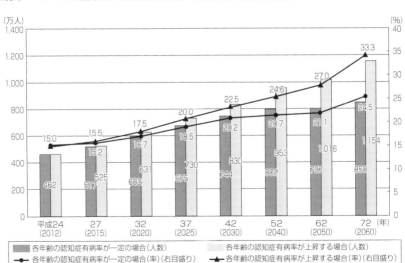

資料：「日本における認知症の高齢者人口の将来推計に関する研究」
　　　（平成26年度厚生労働科学研究費補助金特別研究事業　九州大学二宮教授）より内閣府作成

出所：平成29年・内閣府「高齢社会白書」

②要介護認定と認知症の発症

　認知症といっても、物忘れが多くなったような状態から、寝たきりでまったくコミュニケーションが取れない状態まで程度はさまざまで、一括りにはできません。そこで、このレベルを判断するのに参考となるのが、介護保険の際に必要となる「要介護認定」です。

　介護保険を受けるためには、被保険者がどのような状態かを市長村から要介護認定を受ける必要があります。この申請を受けた市町村は、被保険者の自宅や病院、介護施設などに調査員を派遣し、被保険者と面接して心身の状況や置かれている環境などについて認定調査を行います。

　その目安とされるのが**図表1-3**の要介護状態区分別の状態像です。ここには、80％以上の割合で何らかの低下が見られる日常生活能力について、日常生活能力別に要支援1・2、要介護1から5まで具体的に示されています。

図表1-3　要介護状態区分別の状態像

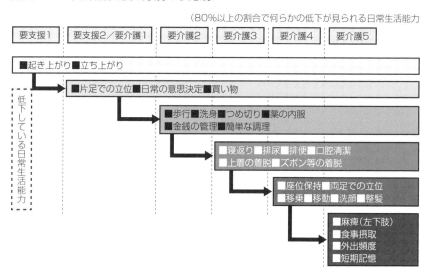

（80％以上の割合で何らかの低下が見られる日常生活能力

出所：厚生労働省「要介護認定の仕組みと手順」

　要支援１や２では、「起き上がり」「立ち上がり」「日常の意思決定」
などに能力の低下が見られます。要介護３以上では、「寝返りが打てな
い」「排泄が自由にできない」「歯磨きができない」「衣服の脱ぎ着がで
きない」「座ったり、立ったりできない」「顔が洗えない」「歩けない」
「麻痺している」「食事がとれない」「短期の記憶がない」などの状態に
なります。どれをとっても、単独での生活は困難ということが分かりま
す。

　要介護認定においては、判断能力はあるが身体が不自由な状態も含ん
でいますが、心と体はつながっています。たとえば、膝の調子が悪くて
外出が億劫になり、自宅に引きこもりがちになったケースでは、要介護
認定では要支援１から始まりますが、外出せずに外界との接触が絶たれ
た刺激のない生活が認知症の入り口となり、要支援から要介護へと進む
可能性があります。

　また、介護施設や病院で寝たきりになると、当初は意思がしっかりし
ていても、投薬の影響や変化のない生活で判断能力が不十分になること
が多いようです。高齢者が入院すると、多くの場合、１週間程度で認知
症の症状が現れるとの看護師からの証言もあります。

　③要介護となった原因

　図表1-4を見てください。これは、介護保険の被保険者に要支援や
要介護の人がどの程度占めているかを表しています。

図表1-4　要介護認定の状況

単位：千人、（　）内は％

65～74歳		75歳以上	
要支援	要介護	要支援	要介護
239 (1.4)	507 (2.9)	1,489 (8.8)	3,953 (23.3)

資料：厚生労働省「介護保険事業状況報告（年報）」（平成28年度）より算出
（注1）経過的要介護の者を除く。
（注2）（　）内は、65～74歳、75歳以上それぞれの被保険者に占める割合

出所：令和元年版・内閣府「高齢社会白書」

65歳から74歳ですと、要介護や要支援認定を受ける人は、まだ全体の5％弱でしたが、75歳以上になると30％強と6倍に急増していることが分かります。

　つまり、年齢が上がるにつれて認知症になる確率は急激に上昇するということです。少なくとも70歳頃までに、認知症に備えた対策が必要といえます。

　それでは、**図表1-5**を見てみましょう。これは、65歳以上で要介護になった人がどんな原因によるものか男女別に示したものです。介護が必要になった主な原因は、全体では「認知症」（18.7％）「脳血管疾患（脳卒中）」（15.1％）「高齢による衰弱」（13.8％）「骨折・転倒」（12.5％）などの順となっています。

　また、男女別に見ると、男性は脳血管疾患（脳卒中）が23.0％、女性は認知症が20.5％と多いことが分かります。特に男性の脳血管疾患で要介護になる割合は、女性の2倍以上にもなるのです。

図表1-5　65歳以上の要介護者等の性別にみた介護が必要となった主な原因

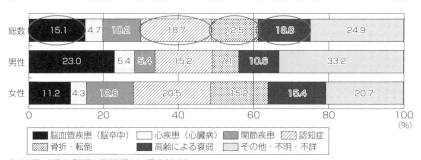

資料：厚生労働省「国民生活基礎調査」（平成28年）
　（注）熊本県を除いたものである。

出所：令和元年版・内閣府「高齢社会白書」

　男性は脳卒中の割合が高いので、ある日突然、発症し倒れて死亡するか、一命を取りとめても後遺症が残るようです。脳疾患の後遺症には、手足の麻痺や言語障害、視覚障害などがあり、深刻なものでは寝たきりになることもあります。

　一般的に女性より男性の方が財産を保有しているため、「ある日突然」脳卒中で判断能力がなくなり資産が凍結してしまうのは、大きなリスクです。一方、認知症は徐々に進むため、軽い認知症の症状が現れてから、急いで対策を講じることも可能です。

　ところで、認知症の原因としては、男性は「その他・不明・不詳」が33.2％と一番多いのですが、その内容を推し量ると「猛暑で体調を崩す」、「持病の悪化」、また「配偶者を見送った後に気を落とす」などで要介護状態になるケースも多いようです。

　さらには、自宅内での転倒事故について興味深いデータがあります。「平成22年度 高齢者の住宅と生活環境に関する意識調査（内閣府）」(http://www8.cao.go.jp/kourei/ishiki/h22/sougou/zentai/pdf/2-3.pdf) によると、1年間に自宅内で転んだことのある人は約10人に1人で、年齢が上がるほど転倒事故の割合が高くなり、85歳以上では5人に1人の割合となっています。さらに、85歳以上で1年間に何度も転んだことがあると回答している人は1割を超えています。病気や転倒事故で入院することが認知症の入り口でもあるのです。

　そこで、**図表1-6**を見てください。

図表1-6　要介護度別にみた介護が必要となった主な原因（上位３位）

（単位：%）　　　　　　　　　　　　　　　　　　　　　　　　　　　　　平成28年

要介護度	第１位		第２位		第３位	
総　数	認知症	18.0	脳血管疾患（脳卒中）	16.6	高齢による衰弱	13.3
要支援者	関節疾患	17.2	高齢による衰弱	16.2	骨折・転倒	15.2
要支援1	関節疾患	20.0	高齢による衰弱	18.4	脳血管疾患（脳卒中）	11.5
要支援2	骨折・転倒	18.4	関節疾患	14.7	脳血管疾患（脳卒中）	14.6
要介護者	認知症	24.8	脳血管疾患（脳卒中）	18.4	高齢による衰弱	12.1
要介護1	認知症	24.8	高齢による衰弱	13.6	脳血管疾患（脳卒中）	11.9
要介護2	認知症	22.8	脳血管疾患（脳卒中）	17.9	高齢による衰弱	13.3
要介護3	認知症	30.3	脳血管疾患（脳卒中）	19.8	高齢による衰弱	12.8
要介護4	認知症	25.4	脳血管疾患（脳卒中）	23.1	骨折・転倒	12.0
要介護5	脳血管疾患（脳卒中）	30.8	認知症	20.4	骨折・転倒	10.2

注：熊本県を除いたものである。

出所：平成28年・厚生労働省「国民生活基礎調査」

要介護4や5の重い介護度になる原因の第3位に骨折・転倒が入っています。

　以上、これまで見てきたデータから次の3つのことが分かります。

　ア．要介護3以上が一般的には「判断能力を喪失した状態」になる目
　　　安と推測できる

　イ．75歳以上になると要支援、要介護の人が急増する

　ウ．要介護のきっかけは認知症だけでなく多くの要因がある

　「ウチは認知症の家系じゃないので大丈夫」などと安心してはいられません。繰り返しになりますが、特に高齢男性は「ある日突然」、脳卒中で寝たきりになることもあるため、少なくとも70歳までには、さまざまな準備をしておく必要があるといえるでしょう。

（5）高齢者の資産状況

①高齢者の貯蓄残高と貯蓄の目的

　次に高齢者の資産状況について見ていきましょう。

図表1-7　貯蓄現在高階級別世帯分布

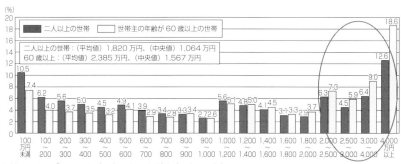

資料：総務省「家計調査（二人以上の世帯）」（平成28年）
※1　単身世帯は対象外
※2　ゆうちょ銀行、郵便貯金・簡易生命保険管理機構（旧日本郵政公社）、銀行、その他の金融機関への預貯金、生命保険及び積立型生命保険などの掛金、株式・債券・投資信託・金銭信託などの有価証券と社内預金などの金融機関外への貯蓄の合計
※3　中央値とは、貯蓄現在高が「0」の世帯を除いた世帯を貯蓄現在高の低い方から順番に並べたときに、ちょうど中央に位置する世帯の貯蓄現在高をいう。

出所：平成30年版・内閣府「高齢社会白書」

　図表1-7は高齢者の２人以上世帯の貯蓄現在高についての調査です。世帯主が60歳以上の世帯と全世帯を比較すると、全世帯の平均値が1,820万円、中央値（注１・42頁参照）が1,064万円ですが、60歳以上の世帯では、平均値が2,385万円、中央値が1,567万円となっています。

　60歳以上の世帯は全世帯の1.5倍の貯蓄があり、その約４割が2,000万円以上、さらに約２割が4,000万円以上を保有していることが分かります。

　また、貯蓄の目的について見ると、「万一の備えのため」が47.5％と最も多く、次に「普段の生活を維持するため」が17.8％となっています。これらの目的を達成するには、病気やケガなどで困らないようにすることが共通しています。そして両方を合わせると、約65％が将来に備えて貯蓄しています（図表1-8）。

　しかし、この貯蓄は万一のピンチのときに確実に使えるのでしょうか。

図表1-8　貯蓄の目的

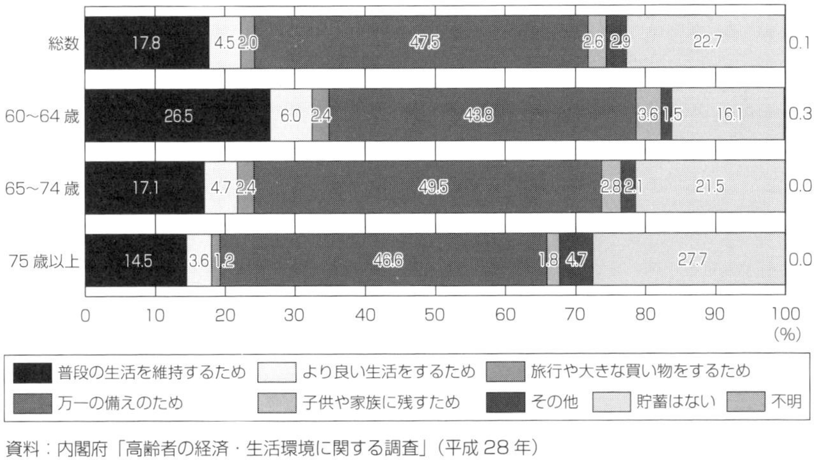

資料：内閣府「高齢者の経済・生活環境に関する調査」（平成28年）
（注）調査対象は、大分県、熊本県を除く全国の60歳以上の男女。

出所：平成30年版・内閣府「高齢社会白書」

②高齢者の持ち家率は9割超

　続いて、図表1-9を見てください。こちらも2人以上の世帯の持家率は60歳以上の世帯では9割を超えています。また、70歳以上の世帯では負債が約90万円となっていることから、多くの世帯で住宅ローンは完済していると推測できます。

　年間の収入は現役時代より減るものの、高齢者世帯は住宅ローンを完済し貯蓄もあり、プラスの財産を多く所有している世帯といえます。また、日本の人口構成については図表1-10の通りです。

図表1-9　世帯主の年齢階級別1世帯当たりの貯蓄・負債現在高、年間収入、持家率

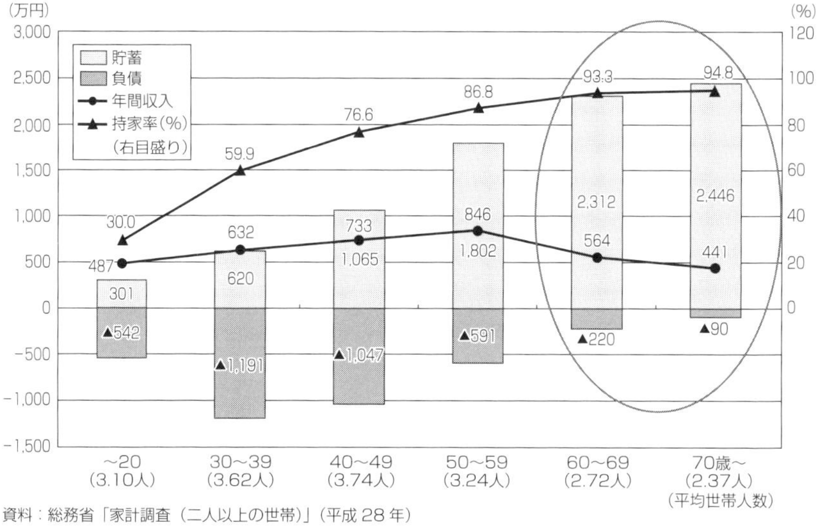

資料：総務省「家計調査（二人以上の世帯）」（平成28年）

出所：平成30年版・内閣府「高齢社会白書」

③高齢者の資産の凍結防止

　国や地域などで暮らす総人口に対して、65歳以上の高齢者が占める割合を「高齢化率」と呼び、高齢化の進行具合についての目安としています。また、高齢化の進んだ状態ごとに「高齢化社会」「高齢社会」「超高齢社会」などと称しています。

図表1-10　我が国の人口ピラミッド（平成25年10月1日現在）

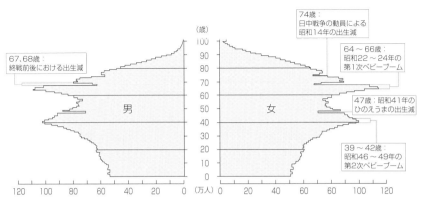

74歳：
日中戦争の動員による
昭和14年の出生減

64～66歳：
昭和22～24年の
第1次ベビーブーム

47歳：昭和41年の
ひのえうまの出生減

39～42歳：
昭和46～49年の
第2次ベビーブーム

67、68歳：
終戦前後における出生減

（歳）

男　　　女

120　100　80　60　40　20　0　（万人）0　20　40　60　80　100　120

出所：総務省統計局「日本の統計」

　国連や世界保健機構（WHO）などでは、高齢化率が7％を超えると高齢化社会、その倍の14％を超えると高齢社会、3倍にあたる21％を超えると超高齢社会と定義しています。日本は1970年に高齢化社会となり、1994年に高齢社会になりました。さらに、2007年に高齢化率が21.5％となり、超高齢社会に突入しています。

　今後も高齢化率は上がり続け、2025年には約30％、2060年には約40％に達する見込みです。いわゆる「団塊の世代」と言われる、昭和22年から24年生まれの第一次ベビーブームの世代が70歳台に入っており、5年以内に後期高齢者である75歳を迎えることになります。

　この世代は持ち家で貯蓄もあり裕福な世代です。しかし、財産所有者が重い認知症で判断能力を喪失し、財産の管理や処分ができなくなると、資産が凍結されます。団塊の世代の子どもたちが第二次ベビーブームの「団塊ジュニア」ですが、この世代は就職氷河期を経験した世代です。団塊ジュニア自身の生活を送っていくことに加えて親の介護に親の財産が使えない、この状態は社会に極めて大きな影響を与えることになるのです。

2．増加する相続紛争と預貯金の払戻し

（1）増え続ける遺産分割事件
①遺産分割協議と相続預金の凍結

　今までは財産の所有者が"生前に"判断能力を失って、財産が凍結されると説明してきましたが、所有者に相続が発生したときも、遺産が凍結されることがあります。

　図表1-11を見てください。裁判所が毎年発表している司法統計ですが、遺産分割事件（「遺産分割調停」と「遺産分割審判」を合わせた事件）が年々増えています。

　遺産分割協議が相続人間で整わない場合に、家庭裁判所で相続人同士が話し合って解決をする方法を遺産分割調停といいます。しかし、話し合いが物別れに終わると、裁判官が種々の資料に基づいて判断し決定する遺産分割審判に移行します。

図表1-11　遺産分割事件の審判および調停の数の推移

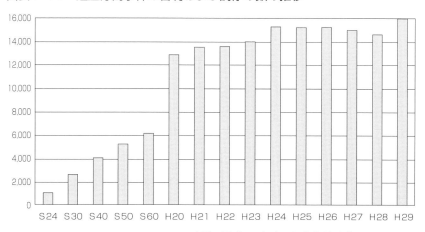

出所：平成29年度・最高裁判所「司法統計年報」

　昭和や平成のはじめの頃は、家制度の名残りから実家を継ぐ子ども（主に長男）が遺産分割について主導権を握り、その他のきょうだい（「兄弟姉妹」を「きょうだい」と表記）はそれに従うことが一般的でした。

　しかし、近年は権利意識の向上とともに、インターネットの普及で簡単に情報が手に入ること、相談できる弁護士が増えていること、相続人自身に将来の経済的な不安があること、などの要因が重なり、遺産分割でもめるようになりました。

　2016年（平成28年）12月19日の最高裁判所大法廷決定により、遺産分割がまとまらないと、銀行預金を引き出すことができなくなりました。以前から、銀行で相続手続きを行うには、原則、相続人全員の合意が必要でしたが、法律を前面に出して交渉し、請求すると各相続人の相続分に応じて払い出してもらえました。

　しかし、この判例が出てからは、遺言がなく遺産分割でもめると被相続人の預貯金は1円も払い出すことができなくなりました。相続人の生活費や葬儀費用の支払い、相続債務の弁済などについても、遺産分割が終了するまでは対処することができないのです。

　そこで民法が改正され、次のように預貯金の一部の払出しが可能になりました。

②相続預金払戻しの方策

　相続預金払戻しの方策として、次のア．とイ．の2通りがあります。

　ア．家庭裁判所の判断を経ない場合

　金融機関の口座ごとに、以下の計算式で求められる額（ただし、同一の金融機関に対する権利行使は、法務省令で定める額（150万円）を限度とする）までについては、他の共同相続人の同意がなくても単独で払戻しをすることができます。しかし、一つの金融機関につき150万円までが上限なので、預金の凍結が長引くと不具合が生じてきます。

【計算式】

単独で払戻しをすることができる額＝（相続開始時の預貯金債権の額）×（3分の1）×（当該払戻しを求める共同相続人の法定相続分）

イ．家庭裁判所の申立てによる場合

家庭裁判所は、遺産の分割の審判または調停の申立てがあった場合、相続財産に属する債務の弁済、相続人の生活費の支弁その他の事情により遺産に属する預貯金債権を行使する必要があると認めるときは、他の共同相続人の利益を害しない限り、申立てにより、遺産に属する特定の預貯金債権の全部または一部を仮に取得させることができます。

③遺産分割の期間と相続税の納付

次に遺産分割事件の期間や回数について見ていきましょう。図表1-12、1-13は遺産分割事件の審判期間と回数のデータですが、遺産分割事件の回数は約7割が3回以上、期間は6割が6ヵ月以上を要しています。通常、遺産分割協議がまとまらず、裁判所に調停を申し立てるまでに数ヵ月を要しますが、申し立ててから調停開始までも時間がかかります。

図表1-12　遺産分割事件（期日の回数ごと）

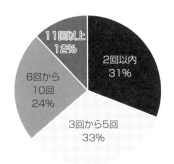

出所：平成29年度・最高裁判所「司法統計年報」

図表1-13　遺産分割事件（審理期間ごと）

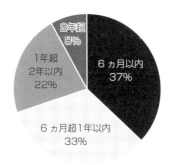

出所：平成29年度・最高裁判所「司法統計年報」

　一方、相続税の納税期限は相続開始から10ヵ月ですから、その期間内に相続税の申告と納付を済ませなくてはなりません。しかし、相続紛争で協議がまとまらないと、10ヵ月の納税期限はすぐにきてしまいます。

　相続税の申告は遺産分割協議が調わないと、未分割での申告になり、小規模宅地等の特例や配偶者の税額軽減が使えないため、いったん多額の相続税を納めなくてはなりません。

④小規模宅地等の特例と配偶者の税額軽減

　「小規模宅地等の特例」について説明します。小規模宅地等の特例とは、被相続人が住んでいた、あるいは事業していた土地について、一定の要件を満たす場合は80％または50％まで相続税の課税価格を減額するという制度です。

　たとえば、相続人が3,000万円の実家の土地を相続したとします。この土地に被相続人と一緒に住んでいたなら、330㎡までは80％減額されます。ただ、この特例が使えるのは「土地等」についてだけです。

　国税庁のホームページには、次のように説明されています。

『個人が、相続または遺贈により取得した財産のうち、その相続の開始

の直前において被相続人等の事業の用に供されていた宅地等または被相続人等の居住の用に供されていた宅地等のうち、一定の選択をしたもので限度面積までの部分（以下「小規模宅地等」という）については、相続税の課税価格に算入すべき価額の計算上、一定の割合を減額します。この特例を小規模宅地等についての相続税の課税価格の計算の特例といいます』

　また、前述の「配偶者の税額軽減」は、被相続人の配偶者が遺産分割や遺贈により実際に取得した正味の遺産額が、1億6,000万円か配偶者の法定相続分のどちらか多い金額までは配偶者に相続税はかからないという制度です。

⑤相続税の申告・納付

　小規模宅地等の特例および配偶者の税額軽減の特例は、相続開始後10ヵ月の相続税の申告期限までに遺産分割が行われているか、遺言で相続の指定がされていなければ、適用を受けることができません。したがって、特例のないところで相続税を全額納める必要が出てきます。

　ところが、預金の払出しには相続人全員の同意が必要で、個人の相続分の預金も引き出すことができません。前述のように、民法が改正されても、引き出せる金銭は同一金融機関で150万円が上限とされています。というのも、葬式費用などの一時的な出費を想定しているからです。

⑥もめている遺産の規模と内容

　一般的に、「遺産分割でもめるのは財産がたくさんある家族」と思うかもしれませんが、普通の家族でもめる割合が圧倒的に多いのです。これから紹介する資料で説明します。

　図表1-14で調停となった件数を遺産の規模別で見ると、1,000万円以下が32%、5,000万円以下が43%で、合わせて75%が5,000万円以下となっています。

図表1-14　調停となった件数（遺産の規模別）

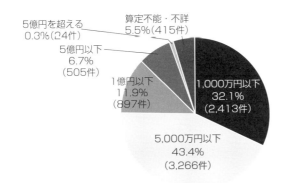

出所：平成29年度・最高裁判所「司法統計年報」

　ところで相続税の基礎控除ですが、2015年（平成27年）1月1日以降の相続から引き下げられ、次の通り従前の6割になっています。

＜改正前＞5,000万円＋（1,000万円×法定相続人の数）
＜改正後＞3,000万円＋（600万円×法定相続人の数）

　たとえば、父親が亡くなって、相続人が母親、子ども2人の家族だと、次の計算式から4,800万円までの遺産なら相続税がかかりません。
3,000万円＋（600万円×3人）＝4,800万円
　つまり、遺産でもめている家族の多くは、いわば富裕層というより相続税がかからない普通の家族ということが分かります。
　また、基礎控除の引下げにより相続税を納める相続人が増えているにもかかわらず、遺産分割がまとまらないと預金を払い出すことができず、相続税の軽減特例も使えません。そこで、相続でもめると相続税が払えなかったり、特例が使えず納税を余儀なくさせられる家族が増えることが想定されるのです（後に分割がまとまれば、還付される場合もあ

る)。

以上により、裁判所で遺産が争われるのは富裕層ではなく、一般的な家族が、金銭にすぐに換えられない不動産の遺産をどう分けるかを巡って争うことが多い事実が分かります。

図表1-15 調停となった件数(遺産の内容別)

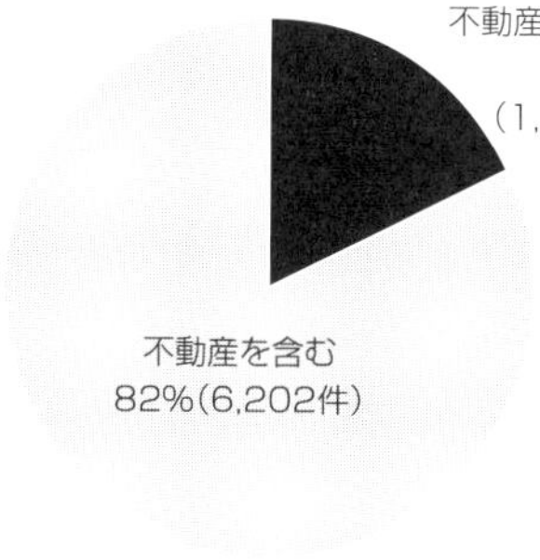

不動産を含まない
18%
(1,318件)
不動産を含む
82%(6,202件)

出所:平成29年度・最高裁判所「司法統計年報」

さらに、図表1-15を見てください。調停となった事件における遺産の内容は、その80%以上に不動産が含まれています。金銭は多少もめても分けやすいため、配分さえ決めれば時間はかかりませんが、不動産は「分けにくい財産」のため、やっかいな事態を引き起こしていることが分かります。

では、この分けにくい財産である不動産を分けるにはどうしたらよいでしょう。

(2) 不動産の分割方法

相続で不動産を分けるには、①現物分割、②代償分割、③換価分割、④共有、という4つの方法があります。

①現物分割

現物分割とは、不動産を不動産のままで分ける方法です。たとえば、

甲土地は長男、乙土地は次男、あるいは土地を分筆して長男と次男が半分ずつ、というようにです。不動産そのものを分けるので明快ですが、どの不動産を誰が相続するかで話し合いが難航することがあります。不動産が建物の場合は建物を切断するわけにはいきませんし、土地を分筆すると使えないほど小さくなってしまうような場合には、現物分割は現実的な方法ではありません。

②代償分割

代償分割とは、相続人の1人が不動産を相続する代わりに、他の相続人に金銭を支払うという方法です。この場合、不動産を相続する人は他の相続人に支払う金銭を準備しなければならないという問題があります。また、それ以前に不動産の評価をいくらにするかでもめることがあります。

③換価分割

換価分割は、不動産を売却して売却代金を相続人で分配するという方法です。不動産を金銭に換えるので平等に分けることができますが、不動産を売ることが前提なので、売りたくない相続人がいると話がまとまりません。

④共有

一番簡単そうなのが、相続人で不動産を共有することです。しかし、不動産の所有者が複数になるため、売却や賃貸の際には所有者全員の合意が必要になるうえ、一人でも判断能力を失ったり所有者同士でもめると、不動産は凍結してしまいます。また、所有者の相続でさらに所有者が増えると、人数が増えすぎて手がつけられなくなるおそれもあります。

ところで、所有者はいつでも共有物の分割を請求することができ、協議が整わないと訴えを提起し、共有状態を解消する権利が認められています。つまり、共有不動産は問題の先送りに過ぎず、不動産を共有で持

つことは大きなリスクにつながります。

　このように、上記4つのどの方法を選んだとしても、相続で不動産を分けるのはとても難しいため、もめることが多いのです。

　また、図表1-16を見ると、遺産分割でもめている当事者の人数は、2人から3人が過半数を占めています。つまり、「うちは家族が少ないから大丈夫だろう」と思い込み、事前に対策を立てておかないと、後々大変なことになることもあるのです。

図表1-16　遺産分割事件数（当事者の数別）

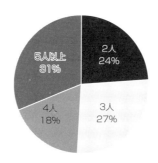

出所：平成29年度・最高裁判所「司法統計年報」

3．相続財産の凍結と空き家の増加

（1）争わないのに遺産が凍結される

　それでは、相続でもめなければ大丈夫でしょうか。そんなことはありません。最近、特に増えているのが「争わないのに遺産が凍結」されるという事例です。

　平均寿命を見ると、男性が約80歳、女性が約87歳と、女性が男性よりも7年ほど長生きです。図表1-17を見てください。たとえば、夫が83歳で亡くなったときに妻が80歳とすると、23.8％の女性が要介護者となっていると推定できます。4人に1人の割合です。

　男女の平均寿命の差から考えると、父親が亡くなったときに母親が生存している可能性は高いのですが、父親が遺言を作成せずに相続が発生したときに母親が認知症などで判断能力を失っていると、遺産分割協議ができません。

　また、父親が遺言を作成していても、多くの財産を母親へ相続させるという内容の場合、母親へ遺産の承継ができても、肝心な母親の判断能力がなかったり、相続した後に判断能力がなくなると、相続された財産が凍結してしまいます。

　このように、父親が他界することにより、移った資産が凍結することを筆者は"瞬間凍結"と呼んでいます。相続争いがなくても、瞬間凍結してしまう事例は、両親が長生きすればするほど、増加するものと思われます。

図表1-17　性別にみた要介護者等の年齢階級別構成割合

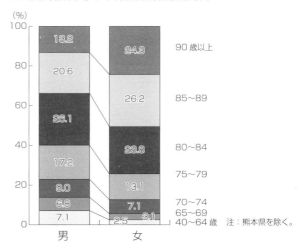

出所：平成28年・厚生労働省「国民生活基礎調査」

（2）増加の一途をたどる空き家

①深刻化する都市部の空き家問題

「空き家『予備軍』東名阪に330万戸」

2018年、全国紙の一面に大きな見出しが躍りました。大都市に空き家の「予備軍」が大量に潜んでおり、65歳以上の高齢者だけが住む戸建てとマンションの持ち家が東京、大阪、名古屋の三大都市圏に合計336万戸あり、同圏内の持ち家全体の「2割強」に達しているという内容です。

予備軍が最も多いのは東京都の67万戸で持ち家の21%。大阪府の予備軍は51万戸で、その比率は22%となっています。

神奈川、千葉も2割を超えており、近い将来、三大都市圏の空き家の急増は避けられないでしょう。空き家問題といえば地方というイメージが強いですが、実は**都市部においても空き家問題が深刻になりつつある**のです。

図表1-18　空き家数および空き家率の推移―全国（昭和38年〜平成30年）

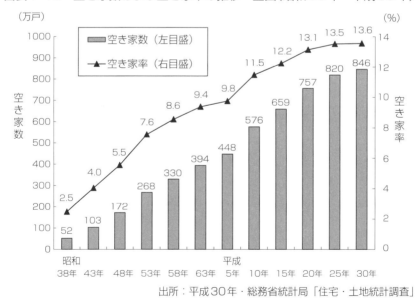

出所：平成30年・総務省統計局「住宅・土地統計調査」

②入院等で増える長期不在の住宅

　図表1-18は、総務省が5年ごとに調査しているデータです。全国的に見ると、この30年で空き家の数は2倍以上になっています。

　平成30年の空き家数は846万戸と、平成25年より26万戸（3.2%）増えており、空き家率（総住宅数に占める空き家の割合）は、0.1ポイント上昇し13.6%と過去最高になりました。

　空き家の内訳を見ると、「賃貸用の住宅」が431万戸（50.9%）と、平成25年より2万戸の増加、「売却用の住宅」が29万戸（3.5%）と1万戸の減少、別荘などの「二次的住宅」が38万戸（4.5%）と3万戸の減少、「その他の住宅」（41.1%）が347万戸と29万戸の増加となっています（図表1-19）。

　その他の住宅とは、転勤・入院などの理由で長期にわたり不在だったり、建替えなどで取り壊す予定の住宅のほか、空き家の区分の判断が困難な住宅のことです。

図表1-19　空き家の種類別割合の推移―全国（昭和53年〜平成30年）

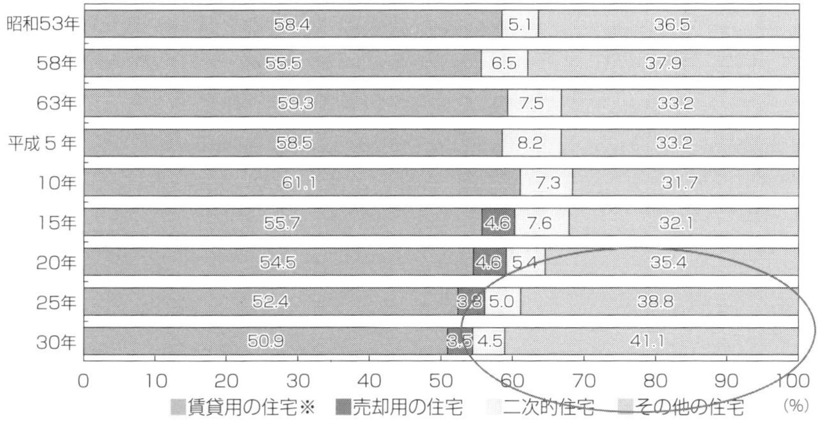

※昭和53年から平成10年までは、賃貸用に売却用を含む。

出所：平成30年・総務省統計局「住宅・土地統計調査」

　「賃貸用の住宅」が過去5年間で2万戸増加しているのに対して、「その他の住宅」の増加が29万戸で、ほぼ15倍と際立って多くなっていま

す。転勤や建て替えによる空き家はそれほど多くないため、施設や病院への入院による長期不在や所有者が亡くなってしまった住宅が増えていると思われます。

　空き家の種類別割合の推移を見ても、平成15年以降、「賃貸用の住宅」の割合は、55％から毎年2％ずつ徐々に低下する一方、「その他の住宅」の割合は、毎年3％程度の上昇を続けています。

　すなわち、有効活用できる不動産が空き家となり、売買や賃貸ができない状態、つまり“凍結”することで不動産の流通が阻害され、経済上大きな損失が生じています。そして湿度の高い日本では、短期間でも家を閉め切りにしておくと湿気で家の劣化が進み、資産価値はたちまち低下してしまうのです。

③増える65歳以上の独り暮らし

　空き家の増加は地域社会に大きな影響を及ぼします。放火などによる火災発生のおそれがあるうえ、近年大型化している台風により屋根や外壁が被害を受けることもあるでしょう。さらには害虫や害獣が増殖したり、他人が勝手に住みついたり、庭木が生い茂るなど、景観上の悪化などにより地域住民の生活環境に深刻な影響を与えます。

　図表1-20の内閣府の令和元年版「高齢社会白書」によると、高齢者の家族と世帯による平成29年（2017年）現在、65歳以上の高齢者のいる世帯は2,378万7,000世帯と、全世帯（5,042万5,000世帯）の47.2％を占めています。

　1980年には三世代世帯が一番多く、全体の半数を占めていました。つまり、祖父母、父母、世帯主、子、孫のうち、3つ以上の世代が同居する世帯が半分もあったのです。しかし、核家族化が進んだことで、2017年に三世代世帯は全体の10％程度となってしまいました。夫婦のみの世帯が32.3％、単独世帯が26.4％、両方を合わせると58.9％と、現在では高齢者の世帯のほぼ6割が夫婦のみか単独世帯の状況になって

います。

　また、内閣府の令和元年版「高齢社会白書」では、65歳以上の一人暮らしの増加は男女ともに顕著であることも報告しています。1980年には男性約19万人、女性約69万人、65歳以上人口に占める割合は男性4.3%、女性11.2%だったのですが、2015年には男性約192万人、女性約400万人、65歳以上人口に占める割合は男性13.3%、女性21.1%となっており、35年間で一人暮らしの高齢者が男性は3倍、女性は2倍に増加しています。

図表1-20　65歳以上の者のいる世帯数および構成割合（世帯構造別）と全世帯に占める65歳以上の者がいる世帯の割合

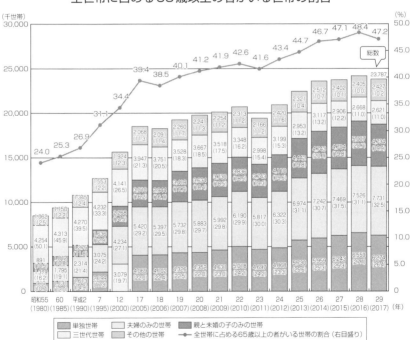

資料：昭和60年以前の数値は厚生省「厚生行政基礎調査」、昭和61年以降の数値は厚生労働省「国民生活基礎調査」による
（注1）平成7年の数値は兵庫県を除いたもの、平成23年の数値は岩手県、宮城県及び福島県を除いたもの、平成24年の数値は福島県を除いたもの、平成28年の数値は熊本県を除いたものである。
（注2）（　）内の数字は、65歳以上の者のいる世帯総数に占める割合（％）
（注3）四捨五入のため合計は必ずしも一致しない。

出所：令和元年版・内閣府「高齢社会白書」

親と同居していた子どもが就職や結婚などで独立すると、親夫婦のみの世帯となります。そして夫婦が高齢になり健康面の衰えから一人で暮らせなくなると、子どもが親を呼び寄せたり、介護施設に入居したりします。特に、この年代の男性は家事を一切妻に任せていた人が多いため、一人で暮らすことが難しいことが多いでしょう。

そのため、親が住んでいた実家は空き家になります。空き家になった実家は有効活用されず、放置されることになります。

（3）空家対策特措法の内容

平成26年11月に、「空家等対策の推進に関する特別措置法」（以下「空家対策特措法」という）が成立しました。

空家対策特措法では空き家を「空家等」と「特定空家等」の2種類に区別しています。空家等とは、「建築物またはこれに附属する工作物であって、居住その他の使用がなされていないことが常態であるものおよびその敷地」をいい、空家等の中で損傷が激しくなった空き家を「特定空家等」と定義しています（図表1-21）。

図表1-21　空家等と特定空家等のイメージ

特定空家等とは、「そのまま放置すれば倒壊等もしく保安上危険となるおそれのある状態、または著しく衛生上有害となるおそれのある状態、適切な管理が行われていないことにより著しく景観を損なっている状態、その他周辺の生活環境の保全を図るために放置することが不適切

である状態にあると認められる空家等」のことをいいます。

　特定空家等の所有者等に対しては、措置の実施のための立入調査や指導、勧告ができ、改善勧告があると、当該特定空家等に係る敷地について固定資産税等の住宅用地特例の対象から除外され、固定資産税が6倍に、都市計画税が3倍になるおそれがあります。

　また、勧告、命令を経て、行政が空き家を強制撤去することが可能となります。しかし、国土交通省によると実際に撤去された実績は2017年3月時点、全国で11件、所有者不明に行う「略式代執行」は35件でした。空家対策特措法では、空き家がかなりひどい状態に至らないと行政は対応できない、対症療法的な政策であることがお分かりいただけたかと思います。800万戸の空き家に対して実績が50件程度ですから、実効性は極めて低いといえるでしょう。

　さらに、これらに要した撤去費用が数百万円に上るケースも多々ありますが、その費用の大部分は空き家の所有者からの回収が見込めないとのことでした。せっかく法律が整備できても、空き家になってしまってからでは、手の施しようがなくなってしまうのです。

（4）空き家特別控除の内容

　空き家に係る譲渡所得の特別控除の特例（以下「空き家特別控除」という）は、相続または遺贈により取得した被相続人居住用家屋（実家の建物）または被相続人居住用家屋の敷地等（実家の敷地）を、平成28年4月1日から令和5年12月31日までの間に売って、一定の要件に当てはまるときは、譲渡所得の金額から最高3,000万円まで控除することができる特例措置です。

　つまり、相続人が実家を相続、売却したときに、一定の要件を満たせば適用できる控除で、実家と家族に関する税金の知識ですので、蓄えておくべきでしょう。

①空き家特別控除の対象となる実家

空き家特別控除の対象となる相続した家屋や敷地については、相続の開始の直前において被相続人の居住の用に供されていた家屋で、次の3つの要件すべてに当てはまるもの（主として被相続人の居住の用に供されていた一の建築物に限る）をいいます。

ア．昭和56年5月31日以前に建築されたこと

イ．区分所有建物登記がされている建物でないこと（マンションは適用外）

ウ．相続の開始の直前において被相続人以外に居住をしていた人がいなかったこと

なお、これまで被相続人が相続の開始直前に居住していたことが必要でしたが、2019年4月1日以後の譲渡については、老人ホーム等に入居していた場合も対象に加わりました。

②空き家特別控除を受けるための要件

ア．売った人が、相続または遺贈により被相続人居住用家屋および被相続人居住用家屋の敷地等を取得したこと

イ．次のA．またはB．の売却をしたこと

A．相続または遺贈により取得した被相続人居住用家屋を売るか、被相続人居住用家屋とともに被相続人居住用家屋の敷地等を売ること

（注）被相続人居住用家屋は次の2つの要件に、被相続人居住用家屋の敷地等は次の（a）の要件に当てはまることが必要です。
　（a）相続のときから譲渡のときまで事業の用、貸付の用または居住の用に供されていたことがないこと
　（b）譲渡のときにおいて一定の耐震基準を満たすものであること

B．相続または遺贈により取得した被相続人居住用家屋の全部の取壊し等をした後に被相続人居住用家屋の敷地等を売ること

（注）被相続人居住用家屋は次の（a）の要件に、被相続人居住用家屋の敷地等は次の（b）および（c）の要件に当てはまることが必要です。

（a）相続のときから取壊し等のときまで事業の用、貸付の用または居住の用に供されていたことがないこと

（b）相続のときから譲渡のときまで事業の用、貸付の用または居住の用に供されていたことがないこと

（c）取壊し等のときから譲渡のときまで建物または構築物の敷地の用に供されていたことがないこと

ウ．相続の開始があった日から3年を経過する日の属する年の12月31日までに売ること

エ．売却代金が1億円以下であること

オ．売った家屋や敷地等について、相続財産を譲渡した場合の取得費の特例や収用等の場合の特別控除など他の特例の適用を受けていないこと

カ．同一の被相続人から相続または遺贈により取得した被相続人居住用家屋、または被相続人居住用家屋の敷地等について、この特例の適用を受けていないこと

キ．親子や夫婦など特別の関係がある人に対して売ったものでないこと。特別の関係には、このほか生計を一にする親族、家屋を売った後その売った家屋で同居する親族、内縁関係にある人、特殊な関係のある法人なども含まれます

　つまり、空き家特別控除を使えるのは築年数がかなり経過した一戸建てで、建物は耐震リフォームが施されなくてはなりません。もしくは住宅を撤去した土地と限定されています。マンションなどの共同住宅は対象外です。相続時から3年を経過する日の属する年の12月31日までの譲渡に適用されるというタイムリミットもあります。

４．実家の凍結と超高齢社会のリスク

（1）実家の売却・賃貸に障害となる原因
　ここで、実家の売却や賃貸をする場合に障害となる原因についてまとめます。主なものは次の6点です。
　①所有者が重い認知症などで判断能力を失った
　認知症などで判断能力を喪失すると契約ができないので、そのままでは売買や賃貸ができません。
　②所有者が死亡し相続がまとまらない
　相続による凍結には2種類あります。一つは、遺言がないため相続でもめてしまい、実家の名義が亡くなった所有者のまま残っているケースで、所有者が死亡するとそのままで不動産は売却できません。もう一つは、実家の所有者が死亡したときに相続人がすでに認知症（主に父が亡くなったときに母が重い認知症）になっているケースで、このままでは遺産分割協議ができないため凍結されます。
　③すでに不動産が共有で共有者の合意が得られない
　共有名義の実家の凍結にも2種類あります。一つは、売買や賃貸について共有者の考え方が異なり売買や賃貸の合意が得られないケース。もう一つは、共有者の誰かが判断能力を失ってしまい、そのままでは合意できないケースです。
　④買い手がつかない
　人口が減少している地方などでは"負動産"とも呼ばれていることからも、必要とされない不動産が飽和状態で、売りたくても買い手がつかない状況が顕著になっています。
　⑤実家を売りたくない
　親が元気なうちは、実家は思い出が詰まった大切な場所であり、大量

の家財や荷物があるため処分できず、そのままにしておくことが多いようです。さらに、介護施設に入所している場合でも、実家を処分することに踏ん切りがつかないとの話をよく耳にします。そして、親が重い認知症になったり相続が発生し、売れるタイミングが来たときには、すでに遅し。一切の処分ができなくなったときにはじめて、子どもは実家が売れないという現実に直面するのです。

⑥相続人全員が相続放棄した

実家が地方にあり、売れる見込みも資産価値がない場合に、相続人は相続放棄を選択することがあります。相続放棄は自分が相続人であることを知ってから3ヵ月以内に、裁判所で相続放棄の手続きを行います。そして約1〜2ヵ月後に裁判所が相続放棄を認める決定を出します。

たとえば父が亡くなって、母と子ども全員が相続放棄したとします。この場合、父親の親（祖父母）がまだ生存していれば、祖父母へ相続権が移ります。もし、祖父母が亡くなっていたら、父親のきょうだいが相続人になります。それらの人たちがさらに相続放棄して、最終的に相続人全員が相続放棄をすると相続人のいない状態になります。これを「相続人不存在」といいます。

その結果、実家は凍結してしまうため、不動産を売却するには、裁判所に「相続財産管理人」を選任してもらわなければなりません。この相続放棄、相続財産管理人選任の一連の手続きには、多くの費用と時間がかかります。費用が回収できない場合は相続放棄されたまま、相続財産管理人の選任がなされずに長期間にわたり放置されるおそれがあります。そのような実家は凍結状態になる確率が、ほぼ100％といえるでしょう。

(2) 超高齢社会のリスクのまとめ

ここで、今後の日本の超高齢社会における大きなリスクをまとめてみ

ます。

・財産の所有者の判断能力がなくなると、預金は払出しができなくなり、不動産は売却や賃貸などの管理や処分ができなくなる。

・高齢者は寿命を迎えるまでに「健康ではない期間」が平均で10年程度あり、75歳以上になると4人に1人が要介護認定を受けている。

・高齢者世帯は預貯金を蓄えており大部分が持ち家。お金も不動産も持っているが、その高齢者の資産が凍結すると子ども世代は自分の財産で親の介護費用を賄うことになるかもしれない。

・2025年には昭和22〜24年の第一次ベビーブームのときに生まれた団塊の世代がすべて75歳を超える。事前に早急な対策を講じないと大量の資産が凍結する。

・相続でもめる家族が増えており、遺言がなく遺産分割協議がまとまらないと遺産が凍結してしまう。また、相続税がかかる家庭では相続税が遺産から払えず、相続税の申告期限の10ヵ月以内に遺産分割がまとまらないと、税務上の特例等が使えなくなる。

・遺言があっても遺贈を受ける人の判断能力がないと、遺産は相続された後にすぐに凍結される"瞬間凍結"の問題が残る。

・高齢者の夫婦だけの世帯や単身世帯が増加しており、将来、実家には誰も住まなくなる。そのときに、親の認知症や相続により実家の処分ができず、以後、空き家となる可能性が高い。このリスクは地方だけでなく都市部でも深刻になる。

(3) 相続法の改正とその影響

　平成30年7月、約40年ぶりに相続法が大きく改正されました。その背景には、相続紛争の増加や高齢化で遺された妻の生活保障の必要性が高まったこと、また、要介護高齢者の増加と療養看護の問題もありま

す。

　ところで、この改正で留意が必要なのは、遺言を残していても相続は"早い者勝ち"になったという点です。そこで例をあげて説明します。

　長男夫婦が父親と同居して介護をし、世話をした後に父親が亡くなったとします。父親は同居していた自宅（評価額5,000万円）は長男へ、預金（500万円）は長女へ相続させるという遺言を残していました。このときの相続人は長男と長女のみとします。

　その遺言を不服とした長女は、長男が自宅の登記手続きをしていなかったため、自ら2分の1の持ち分を長男、2分の1の持ち分を長女と登記してしまいました。知らない方も多いかもしれませんが、相続人は、法定相続分であれば単独で相続登記することができるのです。その後、長女は自分の持ち分の2分の1だけを他人に売ってしまいました。

図表1-22　旧相続法では…

改正前の相続法では、遺言があれば長女が売った持ち分2分の1を、他人から取り戻すことができました（図表1-22）。しかし、2019年7月

1日からは対応がまったく異なるようになりました。長女が他人に2分の1を売り、その人が登記してしまうと、長男がいくら遺言を見せても取り戻すことができません。つまり、相続は"早い者勝ち"になってしまったのです（図表1-23）。

図表1-23　新相続法では…

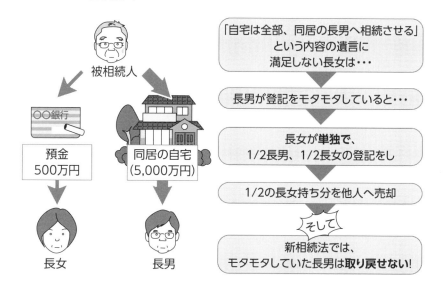

被相続人

○○銀行
預金
500万円
長女

同居の自宅
（5,000万円）
長男

「自宅は全部、同居の長男へ相続させる」という内容の遺言に満足しない長女は・・・

長男が登記をモタモタしていると・・・

長女が**単独**で、1/2長男、1/2長女の登記をし

1/2の長女持ち分を他人へ売却

そして

新相続法では、モタモタしていた長男は**取り戻せない！**

　これらのリスクに対して、事前に策を講じることができるのが「信託」です。信託を使うことで、認知症による財産の凍結、相続紛争、空き家の増加、早いもの勝ちの相続など、多くの問題の対策が可能になります（172頁参照）。

　ではなぜ、これらのリスクを信託で防ぐことができるのか、実家の信託を中心に第2章以降で紹介していきます。

注1：中央値とは、貯蓄現在高が「0」の世帯を除いた世帯を貯蓄現在高の低い方から順番に並べたときに、ちょうど中央に位置する世帯の貯蓄現在高をいう。

第2章●
介護・相続の発生と
実家の売却・賃貸

第2章●介護・相続の発生と実家の売却・賃貸

　実家の管理や処分、親の介護、相続はリンクしています。一般の家庭では、親の持つ財産で大きな部分を占めるのが不動産、すなわち実家です。実家の問題については、親に何かあったら考えようと思っている方が多いようですが、果たしてそれで大丈夫でしょうか。

　本章では、親が高齢になり今までのように思うように動けなくなったり、病気を患い倒れたり、また、認知症が進んで判断能力がなくなったときなどにあわてなくて済むよう、実家の売却と賃貸について説明していきます。

1. 実家の売却と所有者の判断能力

(1) 実家売却のプロセス

　親が介護施設に入所したら介護費用の負担が大きくなった、医療費でまとまった金銭が必要になった、実家が空き家になり管理が難しくなった、もしくは実家の近隣の方が購入を申し出たなど、実家の売却を迫られる家族は多いと思われます。

　それでは、実家を売却するにはどういうプロセスを踏むのか順に見ていきます。

　①売却の意思決定
　②売買価格の査定を依頼
　③実家の物件調査、売出し価格の決定
　・所有者は誰か、父親か母親か共同名義か（登記事項を調べる）
　・公図、地積測量図、建物図面を集める

・境界線は確定しているか

・住宅ローンが残っている場合、残債はいくらか

・道路にはどう接しているか

・給排水や電気、ガスの施設は

・家の中は片づいているか

④不動産業者に売買の媒介を依頼し媒介契約を締結

⑤不動産業者の売却活動をチェックし活動報告を受理

⑥買主との金額交渉

⑦売買契約成立、手付金受領

⑧（必要に応じて）測量、解体、リフォーム、ハウスクリーニング、家財道具の処分

⑨引渡し前の確認（物件状況、付帯物、境界線など）

⑩登記に必要な書類を集める（印鑑証明書、権利証《登記識別情報》、住宅ローンの返済と抵当権抹消関連書類）

⑪残代金の決済、登記手続き（抵当権抹消、所有権移転）の依頼

⑫鍵の引渡し、管理規約・付帯設備の取扱説明書等の引渡し

⑬固定資産税、管理費などの精算、諸費用の支払い

⑭取引完了の確認

⑮確定申告

　実家の売却にはこのように多くの手続きが必要ですが、施設に入所していたり、病院に入院している高齢者がこれらの手続きを進めることは難しいと思われます。

（2）売却の手続きと所有者の意思確認

　不動産売却の手続きでは、不動産売買契約の締結時や売主から買主への所有権移転登記申請時において、所有者本人の意思確認が求められま

す。

　不動産の売却は買主が決まってから、通常は２回に分けて手続きを行います。まず、売買契約の締結の際に売買代金の一部を手付金として支払います。そして１～２ヵ月後を目処に残金を支払います。

　これを「決済」といいますが、売買代金全額の支払いが終わると、司法書士が売主から買主へ不動産の所有権移転登記を申請します。このときも、不動産業者や司法書士は売主と買主の意思を確認するので、契約者の判断能力が必要となるのです。

　前述のように、十数年前までは、所有者本人の意思確認はそれほど重要ではありませんでした。子どもが書類と親の実印を揃えて、親の代わりに契約書に代筆すれば、親が寝たきりでも不動産売買が可能だったのです。しかし、コンプライアンス（法令遵守）の重要性が叫ばれる時代となり、本人の意思確認が厳しく求められるようになりました（図表2-1）。

　もし、司法書士が判断能力のなくなった所有者の登記申請をすると、懲戒処分を受け業務停止や資格を剥奪されることもあります。

図表2-1　不動産売却のフロー

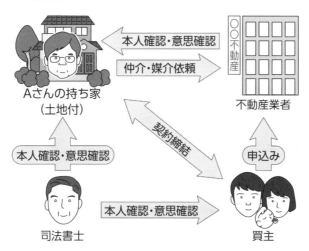

（3）実家の売却と住宅ローン

　ここで、実家を売却する際に親が組んだ住宅ローンが残っていた場合、親が判断能力を失ってもローンは返済できるでしょうか。

　総務省の家計調査によると、70歳以上の世帯では持ち家率が93％で負債が約90万円なので、一般的には住宅ローンが残っている可能性は低いですが、すべての人が完済しているわけではありません。

　そこで住宅ローンを返済するには、ローンを組んだ本人（債務者という）が金融機関で手続きをする必要があります。債務者が重い認知症で意思が明らかでない場合、ローンの返済のために後見人を要請する金融機関もあるでしょう。そのため、事前に子どもと「任意後見契約」（82頁参照）を結んでおけば、子どもが後見人になることでローン返済に支障を来すことはないと思われます。なお、インターネットバンキングにより来店せずに返済できる金融機関もあります。

２．実家の賃貸と判断能力

（1）実家賃貸のプロセス

　一方、親が介護施設に入所し実家が空き家になっても、実家を売却できない家族は多くいます。実家は親にとって一生で一番大きな買い物です。ようやく手に入れたマイホームには思い入れがあるので、お金に困らないと売る決断がつかないのです。

　また、施設に入所していても、施設での生活に不満や不安が生じたときに戻る場所を確保しておきたいという気持ちもあります。さらには、実家には家財道具を残しているため、すぐには処分できないうえ、子どもにとっても実家は生まれ育った場所のため、人手に渡すことを躊躇してしまうのです。立地の良い実家ですと、売却よりも賃貸で毎月、賃料が入る方が、得な場合もあるでしょう。

このように、実家の売却までは考えてはいないが、空き家にしておく
と固定資産税や維持・管理が負担になるので賃貸するという家族もいま
す。では、実家を賃貸するにはどんなプロセスを踏むのか順に見ていき
ます。

　①いくら位で貸せるか賃料の相場を調べる

　②不動産業者に賃料の査定をしてもらう

　③賃貸業務のどこまで不動産業者に依頼するかを決め、仲介契約や管
　　理契約を結ぶ

　④どういう借家契約にするかを決める

　⑤入居者を募集する

　⑥入居者と借家契約を結ぶ

　⑦入居後の管理を行う

　⑧入居者退去時の管理、手続きを行う

　このような手続きにより進めていきますが、後述するように借主は法
律でかなり保護されています。よく調べておかないと後から面倒な事態
になることがあるので、十分な注意が必要です。

　また、賃貸に伴い不動産業者に依頼する業務には、次のようなものが
あります。

　入居者の募集、賃料や敷金の授受・管理、入居者の苦情対応、契約違
反の対応、物件の清掃・メンテナンス、設備の修理、更新の手続き、退
去時の立会い・修繕箇所の確認、退去時の金銭の精算、退去後のクリー
ニングや修繕、室内のリフォーム、修繕のための費用の積立など。

　これらの業務をどこまで依頼するかは、それぞれ支払う費用を確認し
てから契約することになります。

（2）借家契約の種類と内容

　実家を賃貸するには、「普通借家契約」と「定期借家契約」の2通り

の契約形態があります。それぞれ特徴がありますので、内容をよく理解したうえでどちらにするか決めることになります。

①普通借家契約

普通借家契約とは、一般的な借家契約のことで図表2-2のような特徴があります。

図表2-2　普通借家契約の特徴

契約方法	・通常は契約書を作成するが、法的には書面でも口頭でも契約は成立する。
契約期間	・期間を1年未満とする契約はできず、期間が1年未満の契約は期間の定めがないものとされ、通常は2年とすることが多い。
契約更新	・貸主は、正当事由がない限り契約更新を拒絶できない。 （借主が更新したくない場合は、契約は更新されず終了する）
途中解約	・借主からの中途解約の場合は特約に従う。一般的には、貸主・借主ともに数ヵ月前の予告で解約とする特約が付いているが、貸主からの解約の場合に、借主が合意しないときは正当事由を必要とする。

ところで、「一度、家を貸したら戻ってこない」という話を耳にしたことはありませんか。普通借家契約では、契約期間が終わっただけでは借主に明渡しを依頼できません。借主が引続き住みたいと希望しているときに、貸主が契約の解約や契約更新を拒絶するには「正当事由」が必要とされます。

正当事由とは「貸主が積極的にその建物に住まなくてはならない必要性ができた」などの理由を指します。単に、貸主が「建物が古いので建て替えたい」とか、「子供が独立したので住ませたい」という理由では認められません。

このように、正当事由の範囲が限定されているので、一般的には正当事由を補完するために「立退料」を支払うことになります。この立退料が結構、高額になることが多く、普通借家契約は貸主に不利な条件となるため、実家を賃貸するうえで大きな阻害要因とされています。そこ

で、借主の保護を抑えた、以下のような「定期借家契約」を考えてみる必要があります。

②定期借家契約

定期借家契約とは、契約で定めた期間で更新されるのではなく、確定的に借家契約が終了する契約で、**図表2-3**のような特徴があります。

図表2-3　定期借家契約の特徴

契約方法	・公正証書等の書面による契約に限る。 ・「更新がなく、期間の満了により終了する」ことを契約書とは別に、あらかじめ書面を交付して説明しなければならない。
契約期間	・1年未満も可
契約更新	・契約期間が終了すれば契約は終了し更新がない。 ・更新したい場合は、契約の終了後に貸主・借主が再度契約する必要がある。
中途解約	・居住用建物で床面積が200㎡未満であれば、転勤、療養、親族の介護等やむを得ない事情により、生活の本拠として使用することが困難になったときは、借主からは契約を中途で解除の申入れをすることができる。 ・上記以外の場合は、中途解約に関する特約に従う。
契約終了時	・契約期間が1年以上の場合、貸主が契約期間満了の1年前から6ヵ月前までの間に、貸主に対し「期間満了によって賃貸借が終了する旨」を通知する必要がある。

定期借家契約は、公正証書等の書面で契約する必要がありますが、一般の書面でも契約することは可能です。普通借家契約は法的には口頭でも契約できますが、定期借家契約では書面を必要とします。

また、契約の前に貸主はあらかじめ借主に対し、定期借家契約では契約が更新されず期間の満了により借家契約が終了する旨を記載した書面を交付して説明しなければなりません。**この書面が交付されなかった場合は、従来型の普通借家契約と扱われます。**

なお、定期借家制度は2000年3月1日から施行されていますが、それより以前に締結された住宅の普通借家契約は、借主を保護する観点か

ら、借主と物件が変わらない場合、定期借家契約への切り替えは認められていません。

したがって、定期借家契約は家賃の支払遅延を繰り返すなどの迷惑な借主がいたとしても、期間の経過で契約は終了するため、長く居住するリスクは低いといえます。また、１年以下の短い期間での契約が可能なため、さまざまな用途（単身赴任、シェアハウス等）にも利用しやすいというメリットがあります。

一方、借主にとっては、期間の経過で契約は終了し、原則、再契約ができず立退料ももらえないため、普通借家契約よりメリットは少ないでしょう。貸主は短期間の契約は借主を見つけることが難しいことから、比較的安く家賃を設定することになります。

ただし、「再契約型」の定期建物賃貸借契約を結ぶことで、一定の条件（ゴミ出しなどで近隣から苦情を年に２回以上受けない、家賃を２回以上滞納しないなど）をクリアしたら再度の定期借家契約を保証する、「再契約保証型定期借家契約」も選択肢に加えることができます。

（3）実家の賃貸手続きと判断能力

実家を賃貸する流れと契約について見てきましたが、売却との大きな違いは、原則として「不動産の登記申請」を行わないことです。しかし、実家の所有者は不動産業者との仲介契約や管理契約、また、借主との借家契約を締結するときに判断能力が必要になります。

さらに、入居後も借家契約が継続するので、貸主には入居者に対して貸した建物を使用、収益させる義務があります。その義務を果たすために判断能力が必要となる場面が多く登場します。以下、手続き面でどのような場面があるのかをあげてみます。

　①実家を賃貸する前の手続き
　・不動産業者への賃料の査定依頼

・不動産業者との仲介契約、管理契約、入居募集契約

②借主との入居時と入居後の手続きや対応

・借主との借家契約の締結

・家賃や敷金の受領

・エアコンや給湯器などの付帯設備トラブル、水漏れや騒音、ゴミ出しなどのトラブルへの解決義務

・賃料不払いへの対応

・賃料増額請求や賃料減額請求への対応

③借主との退去時の手続きや対応

・契約更新や契約解除の意思表示

・借主への原状回復請求

・敷金の返還

④契約の更新

　これらの手続きには、すべて所有者の判断能力が必要となるため、重い認知症になったら進めることができません。そのようなことにならないために事前の対策が求められるのです（図表2-4、2-5）。

図表2-4　不動産賃貸のフロー

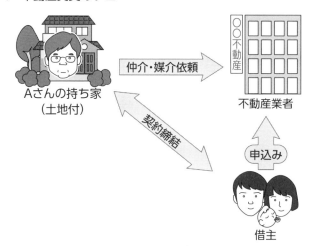

図表2-5　不動産の賃貸と判断能力

3．相続発生後の実家の売買・賃貸

（1）遺言がない相続への対応

①遺産分割のリスク

　もし、親が遺言を作成せずに死亡すると、被相続人（亡くなった親）の財産は相続人間の遺産分割協議によって分けられます。相続人全員の合意が整い遺産分割協議が終わるまで、被相続人の財産はいったんすべての相続人に属する「共有」状態になります。相続人間の話し合いがスムーズに進めば問題ありませんが、相続紛争が生じると共有状態が続くことになります。

　相続紛争の火種は多種多様です。主に遺産分割でもめる理由は次のようなものです。

　ア．相続人間でコミュニケーションが取れていない

　イ．相続人間では合意しそうだが相続人の配偶者が口出ししてくる

　ウ．相続人の一人に判断能力のない人がいて、成年後見人を付けない

と協議が進まない

エ．再婚した両親だが、再婚前の子どもがおり今まで連絡を取ったことがない

オ．親と同居して世話をしていたので実家を相続したいが、そうすると他の相続人に分ける遺産が足りなくなる

②実家が共有になる理由

相続財産が共有になると、相続人全員の同意がないと被相続人の財産は処分できなくなります。預貯金は原則下ろすことができないため、相続税の支払いが困難になることがあります。不動産も相続人全員の同意がないと売買や賃貸ができません。

実家が相続人全員の共有になる理由には、次のようなものがあります。

ア．片親が実家に住み続ける

たとえば、父親が亡くなって実家を母親と子どもの共有名義にしても、母親が元気で、実家に住むならば問題は生じません。しかし、母親が重い認知症になり施設に入所したときに、空き家になった実家が問題になってきます。

イ．両親ともに実家に住まなくなる

両親が亡くなって実家が残った場合、実家をそのままにしておくのか、売るのか、貸すのか、という3つの選択肢になります。家財道具や遺品などの整理がつかず、当面はそのままにしておく家族が多いようですが、空き家のまま放置しておくわけにはいきません。

また、売却の際に「空き家特別控除」（35頁参照）を使えば、売買代金にかかる譲渡所得税を控除できますが、相続開始直前に被相続人が1人で住んでいたことに加えて、相続の開始があった日から3年を経過する年の12月31日までに売ることが要件とされています。

ただ、相続人全員が経済合理性で動くわけではありません。実際、空

き家特別控除が使えるにもかかわらず、売却の合意ができないために、適用要件の3年間が経過してしまったというケースもあります。

　実家を売ってお金にしたい相続人と実家を残しておきたい相続人、お互いの価値観の違いによって実家が凍結し、空き家状態になってしまうことはよくあることですが、空き家になると建物の痛みが進みやすくなります（図表2-6）。

図表2-6　実家が凍結する相続トラブル

（2）遺言書がある相続への対応

①遺言書による相続の問題点

　では、遺言書があれば遺言書通りスムーズに承継できるかというと、そうとも限りません。

　・相続人全員の同意で遺言書と異なる承継方法を決めることが可能

　・相続人の一人から「遺言の無効」を主張されることもあり得る

　・新たな遺言書が見つかることもある

　遺言書は最新のものが有効なため、たとえば、今日遺言書を作成して

も翌日に異なる内容の遺言書を作成した場合は、その翌日の遺言書が優先されます。

②問題となる相続人の例

相続人にまつわる問題には**図表2-7**のようなものがあります。

図表2-7　相続人にまつわる問題

ケース	問題点
相続人中に認知症や障がいなどで判断能力が欠如している者がいる	・遺産分割協議を相続人の代わりに代理する「成年後見人」の選任申立てを行い、その後、成年後見人と他の相続人で協議する。 ・選任申立て手続きには数週間から数ヵ月かかる場合もあり、また協議がまとまらない場合はさらに時間がかかる。
相続人間で紛争性がある	・話がまとまらない場合や、相続トラブルがあった場合は、裁判所で調停をすることになる。手続きが長期化し、当事者の心身をともに疲れさせる。
相続人の中に行方不明者がいる	・行方不明者に代わり協議する「不在者財産管理人」の選任申立てを行い、その後、不在者財産管理人と協議を行う。 ・選任手続きには数ヵ月かかる場合があり、また協議がまとまらない場合はさらに時間がかかる。
相続人中に海外居住者がいる	・海外在住者には、特有の書類（宣誓供述書やサイン証明書）の提出が求められたり、話し合いのため何度か帰国する必要があるなど、手続きが長期化するおそれがある。
被相続人が外国人	・相続手続きでは出生から死亡までの戸籍を集める必要があるが、外国では戸籍制度のない国が大部分のため、手続きが難しくなる。

上記の場合、相続手続きが長期化すると、その間、財産は共有状態になり凍結します。また、相続税を納める必要がある場合に、遺産分割が完了しないと、小規模宅地等の特例や配偶者の税額軽減など、受けられるはずの優遇措置を受けられなくなることもあります。

（3）不動産を共有することのリスク

以上のように、さまざまな理由で不動産を共同で所有（共同名義人）

すると、次のようなリスクを伴うことになります。

①共有者全員の合意がないと物事が進まないリスク

不動産の売却や賃貸，共有の土地に建物を建てること，土地を担保に融資を受けること、土地の境界を確定することなど。土地を担保に融資を受ける場合、共有者全員の合意があっても不動産が共有だと審査が通らないこともあるようです。

②共有者のうち一人の判断能力が低下するリスク

共有者のうち一人でも判断能力がなくなると、その人の持ち分が100分の１などわずかであっても共有者全員の合意が得られないため、不動産全体の変更・処分等ができなくなります。

③共有者のうち一人に相続が発生するリスク

共有者の一人に相続が発生すると、共有者がさらに増加します。増えた相続人のなかに面識のない人や仲のよくない人、すでに重い認知症の人がいたりすると、相続人全員の同意を得ることがますます難しくなります。

④共有物分割訴訟に発展するおそれ

不動産のように分割できない財産が共有の場合は、全員の合意がないとできないことが多いので、制限のついた財産を有することになります。そのため、共有者で話し合いが整わない場合には訴えを提起し、共有物の分割を請求し、共有状態を解消する権利が認められています。

共有物の分割は、ア．現物分割（不動産そのものを分ける）、イ．競売（売却代金を分配する）、ウ．価格賠償による分割（一人が不動産所有者となり、ほかの共有者には金銭が支払われる）という３つの方法があります。

つまり、共有不動産にして、もめて話し合いができないと競売で売られてしまうこともあるのです。

⑤固定資産税は持ち分しか持っていなくても、共有者にはそれぞれ全

額を支払う義務がある

　不動産には、毎年1月1日現在の所有者に固定資産税がかかりますが、共有不動産は持ち分に応じて税金が按分されるわけではありません。持ち分に関係なく、共有者全員が連帯して全額を納付する義務（連帯納税義務）があります。

　もし、共有者が税金の全額を払ったら、他の共有者に立て替え分を返すように自分から請求しないといけません。立て替え分を支払ってもらえない場合は、強制的に取り立てるしかありませんが、裁判手続きをすることになりますので、かなり困難を伴います。

第3章●
判断能力の喪失と
実家の活用方法

第3章●判断能力の喪失と実家の活用方法

　親が認知症等になり判断能力を失うと、そのままでは契約行為ができなくなることは十分理解できたと思います。そこで判断能力がなくなっても実家を売却したり賃貸するには、どうすればよいでしょうか。

　具体的には、次のような方法が考えられます。

　１．親が元気なときに贈与する

　２．親が元気なときに売却する

　３．法定後見制度を利用する

　４．親が元気なときに任意後見契約を結んでおく

　５．親が元気なときに実家信託契約を結ぶ

　それぞれの方法について、順に説明していきましょう。

１．親が元気なときに贈与する

　親（実家所有者を分かりやすいように「親」とする）が元気なうちに、子ども等（子どもには限らず、信頼できる人という意味で「子ども等」とする）へ贈与して名義を変えておくことで、親が判断できなくなっても、子ども等が所有者として実家を売却等することができます。

（1）贈与契約の締結と売却・賃貸

①贈与契約の締結

　親と子ども等の間で贈与契約を締結します。このとき親の判断能力が必要とされます。なお、贈与する親を贈与者といい、贈与してもらう子ども等を受贈者といいます。

②所有権移転登記

親（贈与者）から子ども等（受贈者）に、贈与による所有権移転登記の手続きをします。実家の名義は子ども等に移ります。このときも、親（実家所有者）の判断能力が必要とされます。

③第三者への売却・賃貸

受贈者（子ども等）が実家を売却や賃貸することができます。このときは、すでに贈与して受贈者の不動産となっているため、受贈者自身で契約することが可能です。また、実家の売却代金や賃料についても受贈者が受け取ります。

（2）贈与税の計算方法

①２つある贈与税の税率区分

生前贈与は一般的によく知られた手続きのため、親も子ども等も理解しやすいですが、この場合、気になるのは贈与税です。不動産は高額のため、贈与税も大きな額になることが多く、実家を贈与されても受贈者の子ども等にとっては、納税が大きな負担になります。そこで、ここでは贈与税について理解を深めておきましょう（注1・100頁参照）。

贈与税の計算方法ですが、まず、その年の1月1日から12月31日までの1年間に贈与された財産の価額を合計します。次に、その合計額から基礎控除額の110万円を差し引き、残りの金額に税率を乗じて計算します。以下に速算表を掲載します。計算に当たっては、基礎控除額を差し引いた金額を課税価格としてください。

平成28年以降の贈与税の税率は、「特例贈与財産用」と「一般贈与財産用」の2つに区分されています。

②特例贈与財産の計算

この特例贈与財産用の速算表は、直系尊属（祖父母や父母など）から、その年の1月1日において20歳以上の者（子・孫など）への贈与税の計算に使います（図表3-1）（注2・100頁参照）。

図表3-1　特例贈与財産用の速算表

基礎控除後の課税価格	税率	控除額
200万円以下	10%	―
400万円以下	15%	10万円
600万円以下	20%	30万円
1,000万円以下	30%	90万円
1,500万円以下	40%	190万円
3,000万円以下	45%	265万円
4,500万円以下	50%	415万円
4,500万円超	55%	640万円

　たとえば、3,000万円の評価額の実家を子に贈与すると、次の計算式から贈与税は1,035万5,000円になることが分かります。

・基礎控除後の課税価格　　3,000万円－110万円＝2,890万円

・贈与税額の計算　　2,890万円×45％－265万円＝1,035.5万円

③一般贈与財産用の計算

　この一般贈与財産用の速算表は、「特例贈与財産用」に該当しない、兄弟間の贈与、夫婦間の贈与、親から子への贈与で子が未成年者の場合などに使用します（図表3-2）。

図表3-2　一般贈与財産用の速算表

基礎控除後の課税価格	税率	控除額
200万円以下	10%	―
300万円以下	15%	10万円
400万円以下	20%	25万円
600万円以下	30%	65万円
1,000万円以下	40%	125万円
1,500万円以下	45%	175万円
3,000万円以下	50%	250万円
3,000万円超	55%	400万円

たとえば、3,000万円の評価額の実家を子（未成年）や兄弟に贈与すると、次の計算式から贈与税は1,195万円になることが分かります。

・基礎控除後の課税価格　　3,000万円－110万円＝2,890万円

・贈与税額の計算　　　　　2,890万円×50％－250万円＝1,195万円

実際に計算すると、贈与税の負担がいかに大きいかが分かります。また、実家は贈与されると受贈者である子ども等の財産になるため、実家の売却代金や賃料を親のために使ってくれるかどうかは分かりません。親子関係が悪くなると、子ども等が親の承諾なしに実家を売却してその代金を自分のために使ってしまうということもありえます。

（3）相続時精算課税制度の利用

①相続時精算課税制度とは （注3・100頁参照）

前述のように贈与税の負担は重いため、「相続時精算課税制度」を利用する方法もあります。相続時精算課税制度とは、将来の相続の際に相続税を精算する制度で、原則として60歳以上の父母または祖父母から、20歳以上の子または孫に財産を贈与した場合に選択が可能です。

この制度を利用すると、贈与財産の累計が2,500万円までなら贈与税はかからず、相続税で精算されます。そして2,500万円を超える部分は、一律20％の税率で贈与税が計算されます。

具体的には、贈与者が亡くなったときに、贈与を受けた贈与財産の価額と相続や遺贈により取得した財産の価額を合計した金額を基に計算した相続税額から、すでに納めた相続時精算課税に係る贈与税相当額を控除して算出します。

②相続時精算課税制度の仕組み

相続時精算課税制度を選択するには、贈与を受けた年の翌年の2月1日から3月15日の間に贈与税の申告書を提出する必要があります。

先ほどの例では、3,000万円の実家の贈与税が1,000万円から1,200

万円かかるという結果でしたが、相続時精算課税制度を利用すると、贈与時には3,000万円のうち2,500万円に対する贈与税は繰り延べられ、500万円の20％の100万円の納税で済むことになります。

相続税は贈与税と異なり、基礎控除額（3,000万円＋600万円×法定相続人の数）が大きく定められています。たとえば、法定相続人が妻と子供2人の場合の基礎控除額は、次の通りとなります。

「3,000万円＋600万円×3人＝4,800万円」

基礎控除ですから、贈与した人が亡くなったときに、贈与で受けた財産と遺産額を合わせて4,800万円以下なら相続税はかかりません。さらに、相続時に親の遺産が基礎控除以内であれば、最初に払った100万円の贈与税は還付されます。

なお、相続時精算課税制度を選択した場合、贈与者から贈与を受ける財産については、その選択をした年分以降すべて相続時精算課税制度が適用され、暦年課税（注4・100頁参照）に変更できないことに注意が必要です。

ところで、相続時精算課税制度を利用して贈与税の負担が軽減されても、他に多くの税がかかりますので、それについて説明します。

（4）贈与税その他の税金の負担

①流通税（登録免許税、不動産取得税）の負担

贈与税の他に、不動産の名義変更には登録免許税（固定資産評価額×20/1,000）、不動産取得税（土地、家屋が固定資産評価額×40/1,000、ただし軽減措置あり）がかかります。また、不動産を所有すれば固定資産税・都市計画税を毎年負担することになります。

②不動産を売却した場合の譲渡益課税の負担

贈与を受けた人が第三者へ土地や建物を売ったときの譲渡所得に対して税金がかかります。

次に、不動産の譲渡所得にかかる税金について説明します。

（5）不動産の譲渡所得にかかる税金

不動産の譲渡所得にかかる税金は、次の算式により課税譲渡所得金額を算出します（注5・100頁参照）。

「課税譲渡所得金額＝譲渡価額－（取得費＋譲渡費用）－特別控除額」

①取得費・譲渡費用・特別控除額とは

取得費とは、土地や建物の購入代金（建物は減価償却費相当額を控除する）や仲介手数料などの合計額です。取得費が譲渡価額の５％に満たない場合は、譲渡価額の５％相当額を取得費とすることができます。

譲渡費用とは、仲介手数料、測量費など土地や建物を売却するために直接要した費用、貸家の売却に際して支払った立退料、建物の取り壊し費用などです。

特別控除額とは、居住用財産を売却したときに控除できる、次頁のマイホーム特例のことです。実家は両親が住んでいるので、住んでいる人が売却した場合には一人当たり3,000万円までは非課税になります。

②譲渡所得税額の計算方法

税額は前述の課税譲渡所得金額に税率をかけて算出しますが、売った土地や建物の所有期間が、売った年の１月１日現在で５年以下か超かにより、適用税率が異なります。５年を超える場合は「長期譲渡所得」、５年以下の場合は「短期譲渡所得」になります（図表3-3）。

図表3-3　譲渡所得の区分と税率

区　分	所得税	住民税
長期譲渡所得（５年超）	15.315%	5%
短期譲渡所得（５年以下）	30.63%	9%

通常、実家は所有期間５年超の長期譲渡所得に該当する場合が多いた

め、実家を売却した代金から取得費等を引いた額に20.315％の税金がかかるでしょう。

③マイホーム特例の内容

マイホーム（居住用財産）を売ったときは、所有期間の長短に関係なく譲渡所得から最高3,000万円まで控除ができる特例があります（居住用財産を譲渡した場合の3,000万円の特別控除の特例＝以下、「マイホーム特例」という）。

マイホーム特例を使える要件は次の通りですが（国税庁のホームページ参照）、贈与を受けた子どもが第三者へ売却した場合は、親が住んでいるマイホームを売ったことにならないため、この特例は使うことができません。

ア．**自分が住んでいる家屋を売るか、家屋とともにその敷地や借地権を売ること。**なお、**以前に住んでいた家屋や敷地等の場合には、住まなくなった日から3年を経過する日の属する年の12月31日までに売ること**

（注）住んでいた家屋または住まなくなった家屋を取り壊した場合は、次の2つの要件すべてに当てはまることが必要です。
　Ａ．その敷地の譲渡契約が、家屋を取り壊した日から1年以内に締結され、かつ、住まなくなった日から3年を経過する日の属する年の12月31日までに売ること
　Ｂ．家屋を取り壊してから譲渡契約を締結した日まで、その敷地を貸駐車場などその他の用に供していないこと

イ．売った年の前年および前々年にこの特例（「被相続人の居住用財産に係る譲渡所得の特別控除の特例」によりこの特例の適用を受けている場合を除く）またはマイホームの譲渡損失についての損益通算および繰越控除の特例の適用を受けていないこと
ウ．売った年、その前年および前々年にマイホームの買換えやマイ

ホームの交換の特例の適用を受けていないこと

エ．売った家屋や敷地について、収用等の場合の特別控除など他の特例の適用を受けていないこと

オ．災害によって滅失した家屋の場合は、その敷地を住まなくなった日から３年を経過する日の属する年の12月31日までに売ること

カ．**売り手と買い手が、親子や夫婦など特別な関係でないこと**

　　特別な関係には、このほか生計を一にする親族、家屋を売った後その売った家屋で同居する親族、内縁関係にある人、特殊な関係のある法人なども含まれます。

なお、この特例は次のような家屋には適用されません。

ア．特例を受けることだけを目的として入居したと認められる家屋

イ．居住用家屋を新築する期間中だけ仮住まいとして使った家屋、その他一時的な目的で入居したと認められる家屋

ウ．別荘などのように主として趣味、娯楽または保養のために所有する家屋

（6）贈与された子ども等（受贈者）の判断能力

　生前贈与を受けた後に受贈者が認知症や寝たきりになると、売却が非常に困難になります。もし、受贈者自身が判断能力を喪失した場合は、法定後見人を選任しなければ売却できません。しかし、選任手続きには数ヵ月かかるうえ、成年後見人への報酬を生涯支払わなければなりません。さらに、売却代金は受贈者（被後見人）のものですから、親の介護費用に使うことはできません。

　受贈者が贈与者より先に亡くなると、そのままでは実家を売却できないので、相続手続きをして名義を相続人に変更しなければなりません。したがって、受贈者の相続人間で話し合いがまとまらないと、実家が凍結してしまうこともあります。また、売却できてもその代金は相続財産

となるため、相続人が受け取ることになり、親（当初の実家所有者）のために使えないこともあります。

（7）生前贈与のメリット・デメリット

　生前贈与のメリットとデメリットは**図表3-4**の通りです。

図表3-4　生前贈与のメリット・デメリット

メリット	・贈与は一般的によく知られた手続きのため、親も子も理解しやすい。
デメリット、リスク	・贈与には高額な贈与税がかかる。 ・実家の売買代金や賃料などは受贈者のもの。受贈者の利益のためにお金を使ってしまうおそれがある。 ・流通税（登録免許税、不動産取得税）の負担が大きい。 ・3,000万円の特別控除（マイホーム特例）が使えない。 ・受贈者が贈与者よりも先に判断能力をなくしたり、亡くなったりすると、贈与者の利益のためにお金を使うことは難しくなる。

（8）生前贈与に向いている家族、向いていない家族

　生前贈与で実家の名義を変更する方法が向いている家族、向いていない家族を検討します。

　①向いている家族

　親と子どもが二世帯住宅で同居している場合は、すでに親と子どもの共有名義になっている不動産であることが多いようです。持ち分であっても親名義が少しでも残っていると、修繕や不動産を担保にローンを組むときに支障が出るため、将来、売却する可能性が低く、親の不動産持ち分が少ない（贈与税の負担が少ない）場合は、生前贈与によりすべて子ども名義に先に変えてしまうことも選択肢の一つでしょう。

　②向いていない家族

　不動産の評価が大きい場合は、生前贈与で名義変更を行うことは、贈

与税の負担が大きいため、他の方法を選んだ方がよいでしょう。

２．親が元気なときに売却する

　高額の贈与税負担を回避するために、親が元気なうちに親から子ども等に売却しておく選択もあります。実家を売却し名義を変えておくことで、子ども等が実家を売却することができます。

（１）親子間で売買してから売却まで
①売買契約を締結する
　実家所有者と子どもの間で売買契約を締結します。このときは実家所有者の判断能力は必要です。
②不動産を登記する
　実家所有者から子どもに所有権移転登記の手続きをします。これで実家の名義は子どもに移ります。
③第三者へ売却や賃貸する
　実家の名義はすでに子どもに移っているので、子どもが自分の不動産として、第三者に売却したり賃貸の手続きを行うことができます。
　売買は贈与と同様よく知られた手続きのため、親も子も理解しやすいというメリットがあり、子どもが売却代金を支払い親がこれを受け取ることになります。しかし、子どもは売買代金を準備しなくてはなりません。子ども世代は、通常は住宅ローンを抱え子どもの教育資金もかかります。さらに自身の老後の心配もあります。
　一方、子どもの負担を減らすために著しく低い価格で売却すると、売買価額と時価との差額について、買主側に贈与されたものとみなされ"みなし贈与税"がかかります。
　したがって、適切な価格に設定しなければなりませんが、現実的に

は、売れる見込みがはっきりしない実家を子が親のために買い取るのは難しいと思われます。

（2）譲渡益課税についての留意点

　子どもに実家を売った際に譲渡益課税がかかる場合があります。売り手と買い手が親子や夫婦などの場合には、マイホーム特例が使えないので（66頁参照）、売却代金から取得費等を引いた額の約20.315％を税金として納めなければなりません。

　売り主である親が、売却代金から税金を納めると、実際に使える金額は減ってしまいます。また、購入したときの金額が売却したときの金額よりも高く譲渡益が出なくても、購入時の契約書や領収書等を紛失して、購入価額が分からない場合は他に証明できなければ、原則として概算取得費（「譲渡収入金額×5％)」）で計算するため、ほとんど取得費を引くことができません。不動産権利証は保存しているのに、購入金額を証明する書類を紛失してしまっている人は案外多いようです。

（3）売買のメリット・デメリット

　不動産を売却した場合のメリットとデメリットをまとめると、図表3-5のようになります。

図表3-5　売買のメリット・デメリット

メリット	・売買はよく知られた手続きのため親も子も理解しやすい。 ・子どもが実家を買い取ってくれるので、親は売却代金を早めに受け取ることができる。
デメリット、リスク	・適切な価格での売買代金の準備が必要だが、子ども世代にお金を用意する余裕がない場合が多い。 ・売り手と買い手が親子や夫婦など特別な関係の場合には、3,000万円の特別控除（マイホーム特例）が使えない。 ・売買で譲渡益が出なくても、購入金額を証明する書類を紛失していると譲渡益が多く出てしまい課税される場合がある。

（4）売買に向いている家族、向いていない家族

①売買に向いている家族

　子どもは多くの金銭を持っているが、親は金銭が少なく、目ぼしい財産が実家のみでまとまった金銭を得ておきたい場合や、第三者には実家を売却したくない場合には、子どもが不動産を買い取り、売却代金を親に渡し、親はそのまま実家に住み続けることも可能です。老人ホームに入居するときは、親のお金を使えますし、すでに実家は子ども名義なので、子どもはいつでも処分することができます。

②売買に向いていない家族

　一般の家庭は、子ども世代は自らの住宅ローンの支払いで金銭面での余裕があまりないことが多いため、通常は実家を子どもが買い取ることは難しいでしょう。

３．法定後見制度を利用する

　何も対策をせずに実家の所有者の判断能力がなくなった場合は、成年後見制度を利用して実家を処分することになります。

（1）成年後見制度とは

①成年後見制度の目的

　「成年後見制度」は、2000年4月に介護保険制度と同時に発足しました。認知症、知的障害、精神障害などの理由で判断能力の不十分な方は、不動産や預貯金などの財産を管理したり、身のまわりの世話のために介護などのサービスや施設への入所契約を結んだり、遺産分割協議ができないことがあります。また、自分で判断できないことで不利益な契約を結んでしまうおそれもあります。このような判断能力の不十分な方を保護し支援する制度です。

②成年後見制度の仕組み

「成年後見人」が本人(「被後見人」という)に代わって契約などを行う代理人となり、本人の権利を守ることになります。今後、認知症高齢者の増加や単独または夫婦のみ世帯の高齢者の増加が見込まれることから、制度の必要性は高まっていくと思われます。

成年後見制度が発足する以前、明治時代から「禁治産、準禁治産」という制度がありました。しかし、この制度は使い勝手が悪いうえに、言葉のイメージから敬遠される傾向にありました。また、戸籍に記載されるため容易に人の目につくという問題もありました。

昔は書類さえ整えば手続きができました。たとえば、息子が寝たきりの親の通帳と印鑑を使って勝手に預金を引き出すとか、親の不動産を処分して代金を自分の懐に入れるなど、判断能力が欠如した人を守ることが難しい時代でした。成年後見制度のおかげで個人の財産保護が図られるようになり、コンプライアンスの遵守とも相まって、制度が定着すると期待されていました。

しかし、現在の利用者数は約20万人程度に留まっています。要介護認定を受けている人が65歳以上で450万人弱ですから、高齢者で要介護認定を受けた人のわずか3%弱しか成年後見制度を利用していないことになります(現在の成年後見制度の利用者約20万人の63%が認知症を開始原因としているので(注6・100頁参照)、高齢者の利用数は12万6,000人と仮定できる)。

③成年後見制度の理念

次に成年後見制度の理念について説明します。成年後見制度の理念は次の3つです。

　ア．ノーマライゼーション

　イ．自己決定権の尊重

　ウ．身上の保護の重視

　まず「ノーマライゼーション」とは、高齢者や障がいのある人たちを施設に閉じ込めるのではなく、誰でも、普通（ノーマル）の生活を送ることができ、そして権利が保障されるという考え方のことです。また「自己決定権の尊重」とは、本人の意思による決定を尊重すること、そして「身上の保護の重視」とは、成年後見人は本人の財産管理だけではなく、財産を生活のために有効に使えるように配慮することが大切だということです。

　以上の３つが制度の導入時に掲げられていました。しかし、最近では司法書士や弁護士などの専門家が後見人につくことが多く、財産管理に重点が置かれるため、これらの理念に沿っているかどうか疑問が残るところです。

（2）法定後見制度とは

　成年後見制度は、**図表3-6**のように「法定後見制度」と「任意後見制度」の２つに分けられます。これらは、誰が成年後見人を選ぶかという点で異なります。前者は裁判所が、後者は本人が後見人を選びます。なお、任意後見制度については次項で詳しく説明します。

図表3-6　２つの成年後見制度

成年後見制度	**法定**後見	**裁判所**が後見人を決める
	任意後見	あらかじめ**自分**で後見人を決めておく

　裁判所の手続きにより成年後見人が選ばれ、後見を開始する制度が法定後見制度です。たとえば、未成年者は通常は親権者である親が未成年者に代わって財産管理や取引を行いますが、親がいない場合は、裁判所が後見人を選任します（未成年後見）。また、成人でも精神障害等によって判断能力が不十分な人は裁判所が保護します（注7・100頁参照）。

　法定後見制度は、さらに「後見」「保佐」「補助」の３つに分かれ、判

断能力の程度など、本人の事情に応じて選べるようになっています。具体的には、家庭裁判所により選ばれた成年後見人等（成年後見人、保佐人、補助人）が、本人の利益を考えながら、本人を代理して契約などの法律行為を行ったり、法律行為をするときに同意を与えたり、本人の同意なしに行った不利益な法律行為を取り消したりすることで、本人を保護・支援します（注8・100頁参照）。

　親族を法定後見人の候補者として申立てをしても、財産状況等により、司法書士や弁護士等の専門家が選任されることが多く、統計によると7割が専門家です（図表3-7）（注9・100頁参照）。

図表3-7　成年後見人等と本人との関係別件数

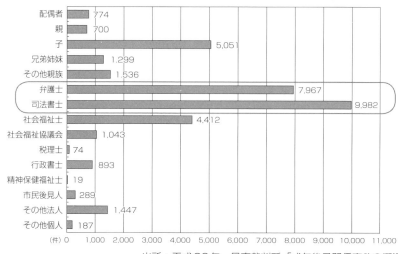

出所：平成30年・最高裁判所「成年後見関係事件の概況」

　申立ての動機については、預貯金等の管理・解約が40％と最も多く、本人の判断能力がなくなり、金融機関の口座が凍結されて預貯金を引き出せなくなったため、申立てをした人が多いことが分かります。

　また20％を「身上監護」が占めますが、これは病院や施設の入所契約などと思われます。その後に、不動産の処分、相続の手続き、保険金受取り、訴訟手続きがあげられています。いずれも法律関連の手続きを

行ううえで、本人の意思確認が必要となったためです（図表3-8）。

図表3-8　主な申立ての動機別件数・割合

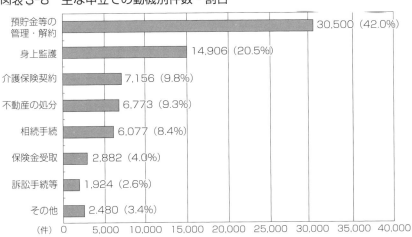

出所：平成30年・最高裁判所「成年後見関係事件の概況」

（3）法定後見人が就くまでの流れ、時間、費用

　成年後見申立てから法定後見人が就任するまでの流れは、**図表3-10**のとおりです。法定後見の申立ては本人の住所地を管轄する家庭裁判所で行います。申立てができるのは「本人」「配偶者」「四親等内の親族」「市区町村長」などに限られています。

図表3-10　法定後見開始までの手続きの流れと費用

◆成年後見制度の申立てに要する費用
・申立手数料　　収入印紙800円
　　　　　　　　（補佐・補助の代理権または同意権付与の申立てをする場合には各800円を追加）
・登記手数料　　収入印紙2,600円
・送達・送付費用　郵便切手3,000円〜5,000円程度
・鑑定費用　　　鑑定を実施する場合には**10万円〜20万円程度**（一般的な金額であり、鑑定人により異なる）

申立て後、必要に応じて裁判所の職員が申立人等から事情を聴取し、場合によっては本人の判断能力について鑑定等が行われ、法定後見人選任の審判がされます。以前は審判までに6ヵ月程度かかりましたが、現在では1ヵ月以内が50％程度、1ヵ月超2ヵ月以内が30％で、合わせると2ヵ月以内に80％程度は審判が下りるようです（注10・100頁参照）。

　審判に不服申立てがなければ、審判書を受領してから2週間後に確定します。審判に不服がある申立人等はこの2週間以内に不服申立ての手続きをとることができます。ただし、**法定後見人に誰を選ぶかという裁判所の判断について不服申立てをすることはできません。**また、いったん、**裁判所に申立てをしたら、取り下げるには家庭裁判所の許可が必要なので、家族が後見人に選出されなかったなどの理由では取り下げは認められません。**さらに、法定後見人が業務を開始した後に、家族とのコミュニケーションがうまく取れずにトラブルになったとしても、**家族が法定後見人を解任することは原則できません。**

　法定後見が開始すると、その旨が法務局に登記されます。

（4）法定後見人による実家の売却

　重い認知症などで実家所有者（本人）の判断能力がなくなり、売買契約ができない場合は、代わりに後見人が契約することになります。実家は法律用語では居住用不動産といいますが、この居住用不動産に限っては成年後見人を選任すれば必ず売却できるわけではなく、家庭裁判所の許可（「居住用不動産の処分についての許可」）を得なければなりません。

　居住用不動産とは親が住んでいる自宅はもちろんですが、現在は居住していなくても過去に生活の本拠としての実態がある場合や、今後帰住する可能性があったり、また介護施設に入所している場合なども該当します。実家は、親にとって「生活の本拠」とともに「心の拠りどころ」

のため、処分してしまうと、心身や生活に大きな影響を与えるおそれが
あります。そこで、その処分（売買や賃貸など）には裁判所の許可を必
要としているのです。

　成年後見の申立てをする段階で「居住用不動産の処分についての許
可」を前提にしていることを事前に家庭裁判所と協議する必要がありま
す。このとき預貯金などの流動性資産があれば、そちらを先に使うよう
に指摘され、すぐに実家を売却できない場合もあります。

　そして、実家が売れても売れなくても、法定後見人を一度付けると、
本人が回復するか死亡するまで法定後見人を外すことはできません。な
お、マイホーム特例（66頁参照）については、後見人は本人の代理人で
すので、本人に代わって特例を使い税務代理業務を行うことはできま
す。そこで手続きの流れを見てみましょう。

①成年後見申立ての準備
　　　　　　↓ 1ヵ月程度
②成年後見申立て
ア．申立人より本人の住所地を管轄する家庭裁判所へ申立て
（申立てを取り下げるには家庭裁判所の許可が必要）
イ．鑑定（10万円～20万円の鑑定費用がかかる。鑑定不要の場合もある）
（1～2ヵ月程度で家庭裁判所の審判が下る）
ウ．成年後見の審判で法定後見人が選任
（士業などの専門家が選任されることが多く、現在は7割を占める）
エ．後見人から居住用不動産処分の許可の申立ての準備
（必要書類の中に「不動産売買契約書の案」がある。つまり、売主や
　売買代金を**あらかじめ決めて申立てをしなくてはならない**ため、ま
　た、裁判所の許可申立てから、許可審判が下るまでの時期も一律で
　はなく、許可が出るかどうかも明らかではないので、**売買価格が低**

額になる可能性大）

（売却先が決まる時期は物件によって異なる）

オ．法定後見人と買主との間で売買契約締結（２週間程度）

カ．売買代金支払い・不動産引渡し、不動産登記申請（２週間程度）

キ．不動産登記完了

（5）法定後見人による売却代金の管理

　法定後見人が実家を売却した後に問題となるのは、売却代金の取扱いです。売却代金は後見人用の専用口座で管理しますが、家族が法定後見人に通帳の入出金等、明細の確認をさせて欲しいと申し出ても、法定後見人は家族には明細を教える義務はありません。それらが、近年多発した後見人の使い込みを誘発したために、最近では「後見制度支援信託」の利用も増えてきました（図表3-11）。

図表3-11　後見制度支援信託の利用者数の推移（年別利用人数）

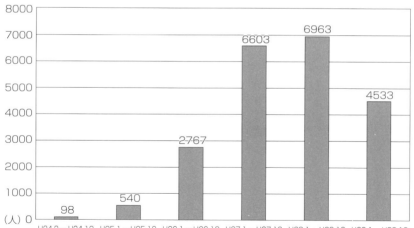

【参考】累計利用人数

H24.2～H24.12	～H25.12	～H26.12	～H27.12	～H28.12	～H29.12
98	638	3405	10008	16971	21504

①後見制度支援信託とは

後見制度支援信託とは、本人の財産のうち、日常的な支払いに必要十分な金銭を預貯金等として後見人が管理し、通常使用しない金銭を信託銀行等に信託する仕組みをいい、信託した金銭は元本が保証され預金保険制度（注11・100頁参照）の保護対象になります。

これは、家族でできる実家信託とは異なり信託銀行等が管理する仕組みで、信託財産は金銭に限られます。信託契約は、弁護士や司法書士などの専門職後見人が家庭裁判所の指示を受け、信託銀行等と締結します。この後見制度支援信託を利用するには、専門職への10万円から30万円程度の報酬がかかるうえ、手数料が必要な銀行もあります。

②後見制度支援信託の留意点

後見制度支援信託を利用すると、信託した金銭を払い戻したり信託契約を解約するには、**「家庭裁判所の指示書」**を必要とします。本人に多額の支出があり、後見人が管理している金銭で足りない場合は、家庭裁判所に必要金額とその理由を記載した報告書を提出します。

信託した財産は信託銀行等で管理されるので、後見人は、年金の受取りや施設入所の支払いなどの日常的に必要な金銭を管理し、収入より支出が多くなる場合は、信託財産から必要金額を定期的に送金することができますが、家庭裁判所の指示書を必要とします。

なお、後見制度支援信託は、成年後見と未成年後見において利用することができ、保佐、補助および任意後見では利用できません。逆にいえば、任意後見制度を利用すれば本人が選んだ任意後見人が、本人の金銭を適切に管理することができます。

（6）法定後見人への報酬

本人（被後見人）の財産管理を法定後見で行った場合は、家庭裁判所は、後見人および被後見人の資力その他の事情により、被後見人の財産

から、相当な報酬を後見人に与えることができます。

　報酬額は裁判官が事案ごとに決めますが、東京家庭裁判所等は利用者に向けて次のような「成年後見人等の報酬額のめやす」を公表しています。

＜成年後見人の基本報酬の額（月額）＞
・通常の後見事務を行った場合（「基本報酬」）　　　2万円
・管理財産額1,000万円超5,000万円以下　　　3〜4万円
・管理財産額5,000万円超　　　　　　　　　　5〜6万円

＜成年後見監督人の基本報酬の額（月額）＞（注12・100頁参照）
・管理財産額1,000万円以下　　　　　　　　　1〜2万円
・管理財産額5,000万円超　　　　　　　　2.5〜3万円

＜付加報酬＞
・成年後見人等の後見等事務において、身上監護等に特別困難な事情がある場合には、基本報酬額の50％までの報酬が付加（これを「付加報酬」という）されることになります。
・居住用不動産の任意売却は付加報酬の扱いとなります。たとえば被後見人の療養看護費用を捻出する目的から、居住用不動産を3,000万円で任意売却した場合、その付加報酬は40〜70万円とされています。

　成年後見制度では、後見人が選任されたら、原則、本人がなくなるまで外すことができず、**報酬も本人が亡くなるまで払い続けなくてはなりません**。

　管理財産5,000万円の場合に、本人が10年生存したとし、その間に3,000万円の実家を売却したと仮定すると、単純計算した後見人の報酬は、少なめに見積もっても500万円は超えるでしょう（4万円×12ヵ月×10年分プラス付加報酬50万円として計算）。その間、法定後見人がどのような財産管理がされているか把握できないのは、家族にとって

はかなり不安ではないでしょうか。

（7）法定後見に向いている家族、向いていない家族

①法定後見に向いている家族

　法定後見は後述する任意後見と異なり、被後見人の契約行為を取り消すことができるため、すでに親が認知症で、消費者被害に遭うかもしれないと心配な家族は、法定後見を選択した方がよいでしょう。

　また、信頼できる家族やあらかじめ任意後見契約をしておく専門家がいない人は、法定後見によって守ってもらう必要があります。

　法定後見は一度申し立てをしたら原則、取下げできず、報酬もかかり続けるためメリット、デメリットを知ったうえで十分に検討することが大切です。

②法定後見に向いていない家族

　親の療養看護、財産管理は家族や信頼できる人で行う場合には、法定後見にならないように、事前に準備をしておくことが必要です。

図表3-9　法定後見のメリット・デメリット

メリット	・後見人が本人の代理人として預貯金の入出金や不動産の売買ができる。 ・本人が行った不利益な契約を取り消すことができ、消費者被害から守ることができる。 ・身内が常に対応できない状況では、専門家に身の回りの手続きをしてもらえる。
デメリットや家族の負担	・手続きに時間がかかる場合もある。 ・本人のために財産を護る制度のため、原則、家族のために財産を使えず、相続対策もすることができない。 ・成年後見人の報酬が必要で、原則、本人が亡くなるまで途中では外せないため、報酬も本人が亡くなるまで支払う必要がある。 ・裁判所により家族の知らない専門家が後見人に選任され、本人の家族と信頼関係が築けない場合がある。 ・成年後見人に不正や任務の怠慢等がなければ、個人的な理由で成年後見人を代えてもらうことはできない。

(8) 法定後見のメリット、デメリット

　法定後見におけるメリットとデメリットをまとめると、図表3-9のようになります。

4．親が元気なときに任意後見契約を結んでおく

　一方で、任意後見制度を利用して実家を処分する方法もあります。実家の所有者が元気なうちに、「任意後見受任者」を決めて任意後見契約をしておきます。本人の判断能力が不十分になったら、「任意後見監督人」を家庭裁判所に選任してもらい任意後見をスタートします。

　本人の判断能力がなくなった場合でも、任意後見人に実家を売却する権限を与えておくことで、時期を逃さず実家を売却することが可能となります。

(1) 任意後見制度とは
①本人が後見人を選択できる

　本人（実家所有者）が元気で判断能力があるうちに（契約能力があるときに）信頼できる人を見つけて、判断能力が衰えてきたら、自分に代わって財産管理や契約締結等を引き受けてもらう契約を、「任意後見契約」といいます。この契約は、「任意後見契約に関する法律」により「公正証書」で行う必要があります。

　「法定後見」では、裁判所が成年後見人を選任するため、家族ではなく面識のない専門家が選ばれることが多いようです。しかし、「任意後見」では、本人が事前に信頼できる人（任意後見受任者）を後見人として選ぶことができます。

　本人と任意後見受任者が任意後見契約を締結すると、公証人の嘱託により法務局で登記されます。そして、本人の判断能力がなくなり、任意

後見受任者が相当と認めたときは、家庭裁判所に後見監督人の申立てを行います。審判が下り後見監督人が就任すると、任意後見の効力が生じます。そして、仕意後見受任者は「任意後見人」となります。

②登記事項証明書の交付

任意後見受任者が任意後見人になった後は、法務局から任意後見人の氏名や代理権の範囲を記載した「登記事項証明書」の交付を受けて、代理権を証明することができます。この登記事項証明書は、法務局が発行する委任状の役割を果たすため、任意後見人は本人のための事務処理を円滑に行うことができます。

任意後見契約のポイントは、契約を締結し後見監督人が選任されるまでは任意後見は始まらないということです。任意後見がスタートした後は、任意後見人は本人の意思を尊重し、なおかつ、本人の心身の状態および生活状況に配慮しながら、任意後見契約に基づき後見事務を行います。つまり、任意後見監督人の下で、契約で定められた法律行為を本人に代わって行うことができます。

このように、必ず任意後見監督人の監視下に置かれる点でも法定後見人とは異なります。

③移行型任意後見契約とは

次に図表3-12、3-13を見てください。

この移行型任意後見契約とは、財産管理委任契約（通常の委任契約）と任意後見契約と同時に締結する契約です。財産管理委任契約は本人の判断能力はあるが、体調不良など本人が出向いて預貯金などの払出し等の手続きができないときなどに結ぶ委任契約で、これには身上監護も含みます。

本人の判断能力がある間は財産管理委任契約に基づく見守り事務、財産管理等を行い、本人の判断能力が不十分になったら任意後見に移行し、後見事務を行うという契約で公正証書にします。

図表3-12　移行型後見契約の流れ・その1

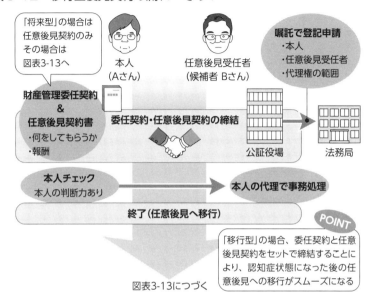

「将来型」の場合は
任意後見契約のみ
その場合は
図表3-13へ

本人
（Aさん）

任意後見受任者
（候補者 Bさん）

嘱託で登記申請
・本人
・任意後見受任者
・代理権の範囲

財産管理委任契約
＆
任意後見契約書
・何をしてもらうか
・報酬

委任契約・任意後見契約の締結

公証役場

法務局

本人チェック
本人の判断力あり

本人の代理で事務処理

終了（任意後見へ移行）

POINT

「移行型」の場合、委任契約と任意
後見契約をセットで締結することに
より、認知症状態になった後の任
意後見への移行がスムーズになる

図表3-13につづく

図表3-13　移行型後見契約の流れ・その2

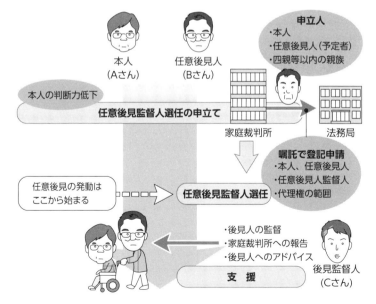

本人
（Aさん）

任意後見人
（Bさん）

申立人
・本人
・任意後見人（予定者）
・四親等以内の親族

本人の判断力低下

任意後見監督人選任の申立て

家庭裁判所

法務局

嘱託で登記申請
・本人、任意後見人
・任意後見人監督人
・代理権の範囲

任意後見の発動は
ここから始まる

任意後見監督人選任

・後見人の監督
・家庭裁判所への報告
・後見人へのアドバイス

支　援

後見監督人
（Cさん）

（2）任意後見制度における任意後見人の役割

　任意後見制度の大きなメリットは、本人が元気なうちに成年後見人を選んでおけることです。そして、実家の売却は、代理権限目録に「不動産、動産等のすべての財産の保存、管理および処分に関する事項」を入れることで、任意後見人により手続きが可能となります。

　法務局からは、任意後見人の氏名や代理権の範囲を記載した登記事項証明書の交付を受け、代理権を証明できるので、任意後見人の事務を円滑に進めることができます。家庭裁判所が後見監督人を選任して任意後見が開始されると、後見監督人を通じて裁判所の管理下に置かれるので、任意後見人の使い込みなどを防ぐことができます。

　後述する信託の受託者（財産管理者）は、報酬を受け取って不特定多数の人のために「業」として働くには、内閣総理大臣の免許または登録が必要ですが、任意後見の場合は免許不要、司法書士や弁護士などの資格も必要ありません。

　なお、法定後見の場合、多額の金銭（500万円から1,000万円以上の金銭）を管理する場合、家庭裁判所から後見制度支援信託の利用を促されることが多いのですが、任意後見の場合は利用できません。売却代金は任意後見人が管理できますが、一方、裁判所の関与しない任意後見制度支援信託として、信託銀行に預ける金融商品もあるようです。

（3）任意後見制度における報酬、負担、制限

　このように、任意後見には多くのメリットがありますが、実際に任意後見が開始されると、以下のようなデメリットや負担が生じます。

①後見監督人への報酬負担

　一番大きなデメリットは、後見が開始されると必ず裁判所が選任した後見監督人（弁護士、司法書士等、知人以外の人）がつき、次のような報酬負担が発生することです。そして、いったん後見が開始すると本人

が亡くなるまで後見監督人への支払いも続きます。なお、任意後見監督人の選任申立てをすると、裁判所の許可を得なければ取り下げることができません。

- ・管理財産額：5,000万円以下　→　月額1～2万円
- ・管理財産額：5,000万円超　→　月額2.5～3万円
- ・実家を売却したときは別途、付加報酬が発生

②後見事務作業の負担

任意後見人の職務として、最初に本人名義の財産をすべて調査し、財産目録を作成して、任意後見監督人に提出する必要があります。通常、3ヵ月に一度、任意後見人は後見監督人に以下の管理状況を報告するなど事務作業が煩雑です。また、任意後見監督人から請求があれば、速やかにその求められた事項につき報告する義務があります。

- ・管理する甲の財産の管理状況
- ・本人を代理して取得し、また処分した財産の内容、その時期・理由・相手方
- ・本人を代理して受領し、また支払った金銭の状況
- ・本人の生活または療養看護につき行った措置
- ・費用の支出および支出した時期・理由・相手方
- ・報酬の定めがある場合の報酬の収受

③本人のためだけにしか財産を使えない

成年後見制度は本人の財産を守る制度のため、法定後見と同様に、原則として本人のためだけにしか財産を使えず、たとえ本人が希望していたとしても家族のためには使えません。

④取消権がない

法定後見では、本人が行った行為（たとえば、だまされて高額の商品を買わされたなど）を後見人が取り消すことができますが、任意後見人に取消権はありません。

⑤代理権目録の範囲での代理行為

　法定後見では、代理する行為に制限はありませんが、任意後見人が代理できることは「代理権目録」に決めておく必要があります。代理権限目録は契約時に定める必要があるため、委任事項に漏れがあると将来の不測の事態に対応しきれないことがあり得ます。なお、結婚、離婚、養子縁組などは代理権限目録に入れることはできません。

⑥その他

　実家の売却や実家を担保にした借入れ、実家の修繕など大きな金額が動くときは、事前に後見監督人に相談しなければなりません。これを怠ると、後見人を辞任するような勧告や、場合によっては解任されることもあります。そのため、本人の希望を事前に受けていても叶えられないことがあります。

　なお、任意後見監督人が選任された後に法定後見開始の審判がされた場合は、任意後見契約は当然終了します。つまり、任意後見契約をしていても、裁判所が法定後見人を選任する可能性はあります。

図表3-14　任意後見制度のメリット・デメリット

メリット	・本人が成年後見人をあらかじめ選んでおける。 ・代理権限を登記できるので、後見人の証明が円滑に進む。 ・本人が認知症となった後も任意代理人が実家を売却できる。 ・家庭裁判所が選任した後見監督人の監視機能がある。 ・任意後見人の条件として免許や資格は不要。 ・後見制度支援信託の対象外なので任意後見人が金銭を全額、管理できる。
デメリットや 家族の負担	・本人のためだけにしか財産は使えない。 ・任意後見契約をしていても裁判所が法定後見人を選んでくる可能性はある。 ・代理権目録の範囲のみ代理権があり契約の取消権はない。 ・財産目録を作成し後見監督人への定期的な報告義務がある。 ・後見監督人への報酬が発生する。 ・後見が開始すると本人が亡くなるまで終了できない。

(4) 任意後見制度のメリット・デメリット

　任意後見制度におけるメリットとデメリットをまとめると、図表3-14のようになります。

(5) 代理権目録に入れられる行為

　このように、実家を売却するためだけに任意後見制度を利用する場合は、本人の世話をしている家族や、任意後見人などの負担が大きくなると考えられます。代理権目録に入れられる行為は次の通りです。

①不動産、動産等のすべての財産の保存、管理および処分に関する事項

②銀行、証券会社等の金融機関とのすべての取引に関する事項

③保険契約（類似の共済契約等を含む）に関する事項

④定期的な収入の受領、定期的な支出を要する費用の支払いに関する事項

⑤生活費の送金および生活に必要な財産の取得に関する事項および物品の購入その他の日常生活関連取引（契約の変更、解除を含む）に関する事項

⑥医療契約、入院契約、介護契約その他の福祉サービス利用契約、福祉関係施設入退所契約に関する事項

⑦要介護認定の申請および認定に関する承認または審査請求並びに福祉関係の措置（施設入所措置を含む）の申請および決定に対する審査請求に関する事項

⑧シルバー資金融資制度、長期生活支援資金制度等の福祉関係融資制度の利用に関する事項

⑨次に掲げる証書等その他これらに準ずるものの保管および各事務処理に必要な範囲内の使用に関する事項

ア．登記済権利証・登記識別情報、イ．実印・銀行印、ウ．印鑑登録
カード、エ．住民基本台帳カード、個人番号カード、個人番号通知
カード、オ．預貯金通帳、カ．キャッシュカード、キ．有価証券・そ
の預かり証、ク．年金関係書類、ケ．健康保険証、介護保険等、コ．
土地・建物賃貸借契約書類等の重要な契約書類

⑩居住用不動産の購入および賃貸借契約並びに住居の新築・増改築に
　関する請負契約に関する事項

⑪登記および供託の申請、税金の申告・納付、各種証明書の請求等行
　政機関に対する一切の申請、請求、申告、支払い等に関する事項

⑫遺産分割の協議、遺留分侵害額請求、相続放棄、限定承認に関する
　事項

⑬配偶者、子の法定後見開始の審判の申立てに関する事項

⑭新たな任意後見契約の締結（解除等を含む）に関する事項

⑮以上の各事項に関する行政機関への申請、その処分に対する不服申
　立て、紛争の処理（弁護士に対する民事訴訟法第55条第2項の特
　別授権事項の授権を含む訴訟行為の委任、公正証書の作成嘱託を含
　む）に関する事項

⑯復代理人の選任、事務代行者の指定に関する事項

⑰以上の各事項に関連する一切の事項

（6）任意後見監督人が就くまでの流れ、時間、費用

①任意後見契約の締結と費用

　任意後見契約締結から後見監督人が就任するまでの流れは、以下の通
りです。なお、任意後見契約締結時にかかる費用は2019年現在、合計
2万円程度で、その内訳は次の通りです。

・公正証書作成手数料　　　　　11,000円

・その他登記手数料等　　　　　約5,000円

・印鑑証明書・戸籍謄本・住民票等の必要書類　　　約3,000円

　本人が認知症等により判断能力が不十分な状態のため、契約が困難になるなど任意後見事務を開始する必要が生じたときに、任意後見受任者や親族等が家庭裁判所に対し「任意後見監督人」を選任して欲しい旨の申立てをします。そして、家庭裁判所が、任意後見人を監督すべき「任意後見監督人」を選任すると、任意後見受任者は「任意後見人」として、代理権目録で決められた範囲での仕事を開始することになります。

　申立て時には以下のように多くの書類が必要です。なお、予納郵券の額や必要書類等は各家庭裁判所（支部）や申請する時期によって異なるため、事前に最新の情報を確認しておきます。

　②申立てに必要な書類と費用

・任意後見監督人選任申立書

・収入印紙（800円＋1,400円＝2,200円）

・郵便切手（3,000円～5,000円）

・本人の任意後見用診断書

・本人の戸籍謄本

・任意後見受任者の戸籍の附票または住民票

・本人の後見登記事項証明書

・本人の登記されていないことの証明書

・任意後見契約の公正証書写し

・申立事情説明書

・本人事情説明書、財産目録、親族関係図

・健康状態が分かる資料（精神障害者手帳、身体障害者手帳、療育手帳、要介護度が分かるもの（介護保険認定書など）のコピー

・不動産についての資料（登記事項証明書・固定資産税評価証明書）

・預貯金、投資信託、株式についての資料（過去1年分）

・生命保険、損害保険についての資料（契約者、受取人本人のもの）

・負債についての資料（金銭消費貸借契約書等のコピー）

・収入についての資料（確定申告書、給与明細書等のコピー）

・支出についての資料（各種税金の納税通知書、国民健康保険料・介護保険料の決定通知書、家賃・医療費・施設費の領収書等のコピー

・任意後見受任者事情説明書

・鑑定費用（必要な場合のみ）

　このように、後見監督人選任申立時にかかる費用は、合計1.5万円から16万円程度と大きな開きがあります。これは、医師の診断書や鑑定にかかる手数料の額に幅があるためです。

・収入印紙　　　　　　2,200円

・予納郵券　　　　　　3,000円〜5,000円

・印鑑証明書・戸籍謄本・住民票等の必要書類　約2,000円

・診断書手数料　　　5,000円〜100,000円

・鑑定を行う場合　約50,000円

③申立て後の手続き

　申立てから後見監督人が就任するまでの期間は、鑑定の有無、親族照会の有無等により差が生じます。なお、成年後見関係事件の審理期間の目安として、2ヵ月以内が約8割、4ヵ月以内が約95％となっています。

　ア．申立人、任意後見人受任者調査（面接）

　申立人と任意後見人受任者が家庭裁判所に出頭し、裁判所は申立人および任意後見受任者から、申立てに至るいきさつ、本人の生活状況、判断能力および財産状況、親族らの意向等について申立てに関する事情などを詳しく聴取します。任意後見受任者にはその適格性に関する事情を確認しますが、一部には追加資料の提出を求めたり、親族への意向照会を行う裁判所もあるようです。

　イ．本人の判断能力の鑑定

　本人の判断能力は、任意後見用診断書とは別に、家庭裁判所が医師に

鑑定を依頼する形で行われます。なお、鑑定しない場合もあります。

　ウ．本人調査（面接）

　本人の意思を尊重するため、申立ての内容について本人から聴取し、同意を確認します。この際、家庭裁判所に出頭を求められますが、入院や施設への入所等により外出が困難な場合は、家庭裁判所から担当者が当該先に出張して行います。

（7）任意後見人による実家の売却

　実家の所有者に判断能力があるうちは、所有者が売却の手続きをすることが可能です。また、健康状態により手続きに支障があるような場合でも、判断能力があれば指示できるので、代理人により売却手続きができます。しかし、判断能力を失ってしまった後に売却する場合は、あらかじめ締結しておいた任意後見契約を発動させて、次のような手順で売却手続きを進めることができます。なお、後見人は本人の代理なので、マイホーム特例（66頁参照）は使うことができます。

①任意後見受任者（子など）が家庭裁判所に任意後見監督人の選任申立てを行う（いったん申立てをしたら、原則取下げはできないので、申立ては慎重に行う）

↓

②任意後見監督人が選任され、任意後見受任者は任意後見人となる

↓

③任意後見人が任意後見監督人に実家売却について内諾を得る

↓

④任意後見人より、不動産業者へ仲介を依頼する等の実家の売却を開始。不動産業者に実家の売却先を依頼する

↓

⑤売買契約締結・売却金支払い（任意後見人・買主）

(8) 任意後見人による売却代金の管理

　実家を売却できても任意後見は終わりません。引続き任意後見人が売却金である財産の管理を継続して、後見監督人が任意後見人を監督します。つまり、実家を売却するという目的を達しても、後見を継続する必要があります。当然、本人の財産を守ることが目的ですので、家族のために金銭を使ったり、相続対策をすることができないというルールは継続されます。

(9) 任意後見契約の終了

　一度、締結した任意後見契約も終了することがあります。この場合、任意後見の発効前後（監督人が選任される前後）で取扱いが異なるので注意が必要です。

　①任意後見監督人選任『前』の任意後見の終了

　任意後見監督人選任前であれば、いつでも契約を解除できますが、公証人の認証を受けた書面で行う必要があります。

　②任意後見監督人選任『後』の任意後見の終了

　任意監督人選任後になると、「**正当な事由**」がある場合に限り「**家庭裁判所の許可**」が必要になります。任意後見監督人の監督を通じて任意後見人の不正行為など任務に適さない事由が判明した場合には、任意後見監督人等の請求により、家庭裁判所は任意後見人を解任することができます。

　また、法定後見開始の審判がされた場合には、任意後見契約は当然終了することになります。

(10) 任意後見に向いている家族、向いていない家族

　①任意後見に向いている家族

　任意後見に向いている家族は、信頼できる家族や知人、法人がいる場

合です。なお、後述する実家信託を含めた家族信託については、財産管理はできますが、施設との契約や遺産分割協議など、本人がしなくてはならないことを代理でしてもらうことはできません。そこで、任意後見は万が一、判断能力がなくなったときの"保険"として契約しておいた方がよいでしょう。

②任意後見に向いていない家族

信頼できる家族、知人、法人が今の段階で選べないときは、任意後見契約はできません。なお、任意後見は法定後見と異なり、被後見人の契約行為を取り消すことができないため、すでに親が認知症で、消費者被害に遭うかもしれないと心配される家族は法定後見を選択した方がよいでしょう。

5．親が元気なときに実家信託契約を結ぶ

（1）実家信託の効果

①実家信託の特徴

判断能力の不十分な親の介護費用を捻出するために、実家を売却や賃貸する場合に重要なのは、不動産の名義人は誰か、不動産の手続きをする正式な権限があるか、ということです。

そのための手段としては、前述のように親が元気なうちに子どもに売却や贈与することで名義を変える方法があります。また、事前に親子で任意後見契約を締結して、親の判断能力がなくなったら不動産取引の代理権を後見人が行使できるようにすることも可能です。何も準備していない人は、法定後見の申立てを行い裁判所が選任した後見人が手続きすることになります。

後見制度を利用すれば、売買や贈与と異なり、売買代金の調達や贈与税の心配はありません。しかし、後見制度は手続きが複雑であり、家族

に裁判所が介入してくることになります。さらに、一度、成年後見人（任意後見監督人も含む）が選任されたら、原則、本人が亡くなるまで外すことができず、その間、後見人の報酬や後見監督人の報酬がかかり続けます。

そこで、「実家信託」が有効な手段になります。実家信託では財産的価値の移転を伴うことなく、後見制度を使わずに名義のみを子どもに変えて実家を管理することが可能ですので、売買代金は不要ですし贈与税もかかりません。後見人への報酬も不要です。

実家を売ったときの売却代金や貸したときの賃料は、親の財産のため親の介護や医療に使うことができます。また、実家信託ですと、親が使える「マイホーム特例」(66頁参照)などの多くの税務上の特例や軽減措置も使うことができます。

そこで、次に実家信託で名義を変えて管理することになる子ども（「受託者」という）が果たす役割をあげてみます。

②実家売却の手続き

ア．不動産業者への仲介依頼

イ．不動産売買契約の締結

ウ．不動産登記の依頼

エ．不動産売却代金の受取り

オ．売却代金を親のために使うこと

実家の売却には、これら５つの局面で所有者の意思確認が求められますが、これらの手続きは事前に信託を組んでいれば、すべて受託者である子どもが行うことができます。

③実家賃貸の手続き

ア．不動産業者への仲介依頼

イ．賃貸契約の締結

ウ．家賃の受取り

エ．金銭を親のために使うこと

　第2章でも記述していますが、実家を賃貸する場合にも、これらのプロセスを受託者の裁量で手続きすることができます。さらに、次のような行為が必要なときもあります。

　　・賃料不払いによる建物明渡し請求（訴えを提起する側）
　　・賃料増額請求（訴えを提起する側）
　　・賃料減額請求（訴えを提起される側）

　不動産の賃貸においては、困ったことのない大家はいないと言われるほど、家賃の滞納は多く起こります。しかし、滞納者に催促するにも弁護士に依頼して立退き請求をするにも、判断能力が求められます。また、賃料を増額したいと依頼する場合も所有者の意思能力、判断能力は必要です。

　意外と盲点なのは、賃貸人が訴えられることもあるということです。賃料の増額は賃貸人が賃借人に請求しますが、賃借人から賃料の減額をされた場合、所有者に判断能力がないと対応できません。この請求に対応できず、さらに訴訟になっても放置しておくと、欠席判決となり敗訴してしまいます。

　そのため、成年後見人を立てて訴訟を継続しなくてはいけませんが、信託で不動産を受託者名義に変えておけば、成年後見人を立てずに受託者が対応できるようになります。実際に訴えられた大家さんがいましたが、事前に実家信託を組んでいたので、すぐに子ども等が対応できました。

（2）受託者による売却金や賃料の管理

　信託した実家を売却したら、信託は終わるのでしょうか。
もし、売却と同時に信託が終わる契約にしてしまうと、売買代金は親名義の銀行口座に入金されます。そのときに親に判断能力がないと口座は

凍結され、現金の払出しができなくなります。これでは、何のために実家信託をしたのか分かりません。

　実家を売却しても信託を終わらせることなく、信託した不動産が信託した金銭に変わり、金銭も凍結しないようにしておくことが必要です。

（3）実家信託に向いている家族、向いていない家族
①実家信託に向いている家族

　実家信託に向いている家族は、信頼できる家族や知人、法人がいる家族です。名義だけ変更できる仕組みが信託ですが、名義人は自分の判断で実家を処分できてしまうので、親子との厚い信頼関係がなければ信託契約ができません。

　家族間の信頼関係があっても、縁起が悪いといって遺言をなかなか書いてくれない親もいます。実家信託は、実家を将来誰に継がせるかについては遺言と同じ効果があるので、確実に実家を継がせたい人がいる場合には実家信託を遺言代わりに使うこともできます。
②実家信託に向いていない家族

　信頼できる家族、知人、法人が今の段階で選べないときは、任意後見と同様に、実家信託で財産管理をしてもらうことはできません。

６．パターン別・売買時の費用と効果

　実家を売却するにあたって、実家がいくらで売れるのか、手取りがいくらかは家族にとって最大の関心事です。

　親の健康状態が悪化したときに実家を売却するには、大きく２つの方法があります。一つは、後見制度を利用して後見人が代理人として手続き（後見パターン）する方法です。もう一つは、名義を変える（名義変更パターン）方法です（図表3-15）。さらにこれらは、「生前贈与」「子ど

もに売却」「実家信託で売却」など3つのパターンに分けることができます。

図表3-15　後見パターンと名義変更パターン

後見パターン	法定後見
	任意後見
名義変更パターン	贈与
	売買
	実家信託

　後見パターンの大きなネックは、専門家の後見人がつくと、**報酬が一生かかること**です。また、名義変更パターンの贈与は、贈与税がかかりますし、名義変更された後に子ども等が実家を売却したときの譲渡益課税もかなりの金額になります。

　売買ですと、子どもは売買代金を準備しなくてはならないので、金銭的に余裕がある子どもしか選択できません。実家信託の場合は、親が売却したのと同じ効果があるので、税金面では親が使える特例を使うことができます。

　次のような家族が実家を売却する場合、手取りがどの程度違うのかを比較してみました。

＜実家の状況＞

・地方都市の一戸建て（土地、建物）を売却予定

・築40年以上、実家は父単独で所有

・マイホーム特例が使える条件は満たしている

　　　　実家の売買価格（土地、建物）　　　3,000万円

　　　　土地の評価（固定資産税評価額）　　2,000万円

　　　　　　　　　　（路線価）　　　　　　2,400万円

　　　　建物の評価（固定資産税評価額）　　　100万円

図表3-16　３つのパターンで売却した場合の費用と手取り金額

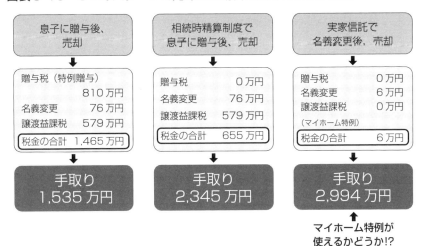

※土地建物は概算取得費５％の150万円と仮定（建物の取壊し費用等、譲渡費用を考慮しない）

・家族構成

　　父（75歳）、母（73歳）、長男（48歳）、長女（45歳）の４人
　　家族。長男、長女は結婚して別居している。

　救急医療の充実、医療技術の発達に伴い、寝たきりの高齢者が増加し財産が凍結されてしまうのはなんとも皮肉なことです。何も対策せずに親が判断能力を失ってしまうと、法定後見制度の利用しか選択肢がなくなってしまいます。

　事前の対策として任意後見は必要ですが、親の財産が裁判所の選んだ後見監督人の管理下になるため、親が元気なときに希望していた財産管理や財産処分を100％実現することは不可能です。さらに、親が死亡するまで後見監督人の報酬が発生します。ただ、親が将来寝たきりになるかどうかは不確定ですし、事前に実家を子供に贈与や売買して必要のない税金を払うのももったいない話です。

　実家信託では、名義のみを家族などの信頼できる人や法人がいれば、

それらの人や法人に変更して、管理や処分をスムーズに行うことができます。税務面でも負担が少ないため、親の財産を親のために有効に使うことが可能です。

注1：国税庁HP参照
　　https://www.nta.go.jp/m/taxanswer/4408.htm)
注2：「その年の1月1日において20歳以上の者（子・孫など）」とは、贈与を受けた年の1月1日現在で20歳以上の直系卑属のことをいいます。たとえば、祖父から孫への贈与、父から子への贈与などに使用します（夫の父からの贈与等には使用できない）。
注3：国税庁HP参照
　　https://www.nta.go.jp/taxes/shiraberu/taxanswer/sozoku/4103.htm
注4：1月1日から12月31日までに贈与を受けた総額から、基礎控除額の110万円を差し引いて税額を計算する通常の計算方法
注5：国税庁HP参照
　　https://www.nta.go.jp/publication/pamph/koho/kurashi/html/05_2.htm
注6：http://www.courts.go.jp/vcms_lf/20190313koukengaikyou-h30.pdf
注7：日本公証人連合会HP参照
　　http://www.koshonin.gr.jp/business/b02
注8：法務省HP参照
　　http://www.moj.go.jp/MINJI/minji17.html#a2
注9：http://www.courts.go.jp/vcms_lf/20190313koukengaikyou-h30.pdf
注10：http://www.courts.go.jp/vcms_lf/20180312koukengaikyou-h29.pdf
注11：預金保険制度とは、万が一金融機関が破綻した場合に、預金者等などを保護するための保険制度。当座預金や利息の付かない普通預金等（決済用預金）は、全額保護される。定期預金や利息の付く普通預金等（一般預金等）は、預金者一人当たり、一金融機関ごとに合算され、元本1,000万円までと破綻日までの利息等が保護される。
注12：後見監督人は家庭裁判所が必要と認めるときに選任できる。被後見人、その親族もしくは後見人の請求によりまたは職権で選任する。

第4章●
実家信託の仕組み

第4章●実家信託の仕組み

　第1章で高齢になると認知症や骨折などをキッカケに要支援や要介護状態となる人が増え、さらには判断能力を失うと資産が凍結してしまうことを確認しました。

　一方で、高齢者は一定の財産を有しており、なかでも実家などの不動産がこれらの理由で凍結してしまうと、第2章で説明した売却や賃貸などの対策も進めることができないため、第3章では、実家の処分について後見制度、贈与、売買、信託での手続き、メリット、デメリットを比較しました。

　そこで第4章では、実家を信託する「実家信託」についてスポットを当てて説明していきます。

1．家族信託とは、実家信託とは

(1) 信託で財産の名義を変える

　資産の凍結を防ぐには、何らかの対策を講じる必要がありますが、これまでは所有者が生前に「贈与」や「売買」することで、財産の名義を家族に変えるしか方法はありませんでした。しかし、何度も繰り返しになりますが贈与には多額の贈与税がかかりますし、売買では家族が多額の売買代金を準備しなくてはなりません。

　そこで有効なのが信託を活用する方法です。信託は贈与でも売買でもない新しい形の契約で、財産を管理する人や法人へ名義を変えて管理、運用、処分まですることができます。その名義人の意思能力があれば資産の凍結を防ぐことが可能になるのです。

　ところで、信託といえば「投資信託」を連想すると思いますが、これ

から説明する信託は、金融機関が扱っている投資信託などとは全く異なります。投資信託は、金融機関が顧客から託された金銭を運用して利益を顧客へ還元する金融商品であり、家族の財産管理を目的としたものではないからです。

　家族など、信頼できる人や法人との間で行う信託を「家族信託」あるいは「民事信託」などと呼び、近年その取扱いが広がりつつあります。なかでも、筆者は実家の信託に特化した家族信託を「**実家信託®**」（注1・124頁参照）と名付けています。

(2) 民事信託、家族信託、実家信託

　家族信託や実家信託は身内で行う信託のため、信託銀行に親の財産を管理してもらう必要はありません。名義を変えても贈与税がかからず売買代金も不要なら、もっと多くの人に知られていいはずですが、まだまだ世間では周知されていません。

　なぜでしょうか。

　信託法自体は明治時代からありましたが、内容がとても厳格で、信託銀行や信託会社しか使うことが難しかった時代が長く続きました。しかし、2006年に信託法が大改正されたことで、一般の人も利用しやすくなり、家族でも扱うことができるようになったのです。そのため、高齢者の財産管理に大きな効果が期待されるようになりました。

　ところで、日本の法律の多くはガチガチに規制している体系（大陸法）がメインですが、大改正された信託法は、規制を緩やかにして何かあれば裁判をして判例にして決めていこうとする体系の法律（英米法）になっています。

　つまり、改正信託法はそれまでの日本の法律と比べるとあまりに柔軟すぎるので、どこまで法律でできるのかが図りかねるところもあり、専門家が踏み込めずにいました。専門家が動かなかったため、それが一般

の方々へ伝わるのが遅れていました。

　しかし、現在の日本では介護や空き家の問題とコンプライアンスの強化とが相まって、いたる所で財産の凍結による不具合が発生しています。そこで、社会の要請として信託を使った柔軟な対応が求められるようになったのです。

　信託とは、「**財産の所有者（たとえば親）が元気なうちに、その財産の名義を第三者（たとえば子や孫）に移転し、その財産の価値や権利（不動産の売却代金や賃料等）は親が受け取る**」という、他にはない契約形態です。これにより、親が認知症になったり亡くなった場合でも、財産の名義は子ども等に移っているため、子ども等が適切に財産を管理することができます。

　信託銀行や信託会社が信託業の免許を取得して、不特定多数の顧客に反復継続して信託のサービスを提供することを「商事信託」と呼ぶのに対し、家族など小規模の単位で財産管理に活用するため「民事信託」、「家族信託」と呼んでいます。

　そして、「実家信託」は実家の名義だけを親から子ども等に変更し、子ども等が実家を管理・処分できるようにする手続きです（図表4-1）。

図表4-1　信託とは

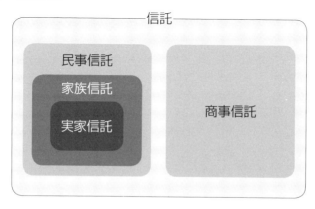

　ところで、「親が認知症になった場合に備えて、実家信託の代わりに公正証書で『私が判断能力を失ったときは息子が実家を売却できる』という委任状を作成しておけば、実家はスムーズに売却できるのでは…」という質問を受けることがあります。しかし、たとえ公正証書で委任状を作成しても、所有者の判断能力がなくなったら息子が代理で実家を売ることはできません。

　実家を売却する場合、売買を仲介する不動産業者や不動産の登記を申請する司法書士には、「**所有者本人の意思確認**」が求められるからです。これを怠ると、司法書士には業務停止や資格剥奪などの重いペナルティが課せられます。それほど、「本人の意思確認」は重要とされているのです。

　一方、実家信託では名義人の息子に多くの裁量が認められ、不動産の所有者として扱ってもらえるため、親（委託者）の意思が確認できなくても実家を売ったり、貸したりすることができます。

２．信託の法的な仕組み

（１）所有と名義の分離

　前述したように、今までは生前に財産の名義を変更するには、「贈与」か「売買」しか方法はありませんでした。財産（所有権）を箱（名義）に入ったケーキ（財産価値）と仮定します。**図表4-2**を見てください。通常、箱とケーキは一体化しているので、贈与や売買で息子へ名義を変えるとケーキも移動します。

　所有権を移すと財産価値も移るので、贈与すれば贈与税がかかり、売買であればその代金が必要になります。そして、箱に入ったケーキをもらう人は「所有者」になります。

図表4-2　これまでの名義変更

図表4-3　信託の名義変更

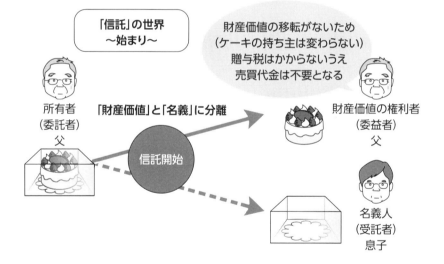

(2) 信託の名義変更

　一方、信託では「箱からケーキを出すこと」つまり、名義（箱）と財産価値（ケーキ）を分けることができます。図表4-3を見てください。贈与や売買では、名義と財産価値を分けられなかったので、「名義だけ

変える」ことはできませんでした。ところが信託の世界では、「所有権」を「名義」と「財産価値」に分解し、それぞれの持ち主を別々にすることができるのです。

　父が所有者の財産を信託しても、そのまま財産価値（ケーキ）を持ち続ければ財産の移転は起こりません。名義を変えても贈与税はかからず売買代金も不要のからくりは、この"分解"にあったのです。

　名義と財産価値を分けることで、財産管理の自由度は飛躍的に高まることになります。

３．後見、遺言、信託の制度の比較

　信託の理解を深めるために、人のライフステージを追って見てみます。

　人には、「健常期」「能力減退期」「能力喪失期」「相続」「二次相続以降」と、図表4-4の通り５つのステージがあります。

図表4-4　後見、遺言、信託の効果の比較

	健常期		能力衰退期	能力喪失期	相続	二次相続以降
	未成年	円満な財産管理を	隠居したい	凍結回避を	争続回避を	家督承継的な相続を
成年後見			対応不能	後見人	終了	二次相続 / 三次相続
任意後見		契約締結	対応不能	後見人	終了	
遺　言		遺言作成	対応不能		遺言執行	終了
信　託			信　託			

（1）「健常期」

　この時期は判断能力があり、財産管理を自分で行うことができます。また、将来を見据えて契約を結んだり、遺言を作成したりすることも可能です。ただ、残念ながら、元気なだけにこの期間に認知症や相続対策をしておこうと決意する人はあまり多くありません。

　また、「遺言」は、亡くなる直前に遺す「辞世の句」という意味で使われることもあり、親に遺言を書いてもらうにはハードルが高いと感じている家族が多いようです。なお、契約を結べるのは成年に達してからですが、遺言は未成年者でも15歳になるとすることができます。

（2）「能力減退期」

　この時期は、病気やケガ、高齢により判断能力が落ちてくる時期です。認知症の初期段階でもあり、昔のことはよく覚えているのに短期記憶が苦手になったり、何度も同じことを話したりするなど、多くは記憶の障害から始まるようです。ただ、認知症の診断が出てもあきらめてはいけません。契約の内容が理解できれば、間に合う可能性もあります。

　なお、この時期はまだ判断はできるので、成年後見人を付けて代理をしてもらうことはできません。

（3）「能力喪失期」

　この時期は判断能力がなくなり死亡するまでの期間です。いわゆる、"ピンピンコロリ"でほとんどこの期間がない方もいるでしょうし、脳梗塞で倒れて10年以上寝たきりの方もいます。しかし、「**誰も自分で『その期間』は選べない**」ことに気づいてもらう必要があります。

　この期間に入ると法律行為が一切できないので、もし、それらが必要なら成年後見人を付ける必要があります。「健常期」に自ら任意後見人を選んでおけばその人が後見人になれますが、何もしていなければ、家

庭裁判所が選んだ後見人が付く「法定後見」になります。

　自分ではこの「能力喪失期」が長くなるのか短くて済むのかが分からないので、この期間に備えた対策は万人がとるべきでしょう

(4)「相続」

　本人が亡くなると成年後見は終了します。死亡後は相続人が本人として手続きなどを行います。遺言は健常期に作成しておきますが、亡くなるまでその効力は生じません。本人が亡くなってから「遺言執行者」が遺言の内容を実現することになります。

　遺言については「まだ早い」「そのうち書くよ」などと、書かない理由をよく耳にします。しかし、能力を喪失したり亡くなってしまってからでは後の祭り。遺された相続人が困ってしまいます。**「誰も自分では『いつ』自然死するかは選べない」**ことに気づいてもらう必要があります。

　筆者は実際に公正証書遺言を作成しました。遺言書の案を書いてみると、空の上から家族を見下ろしているような気持ちになりました。遺言は死後における財産の処分の方法を決めるものですが、「付言事項」といって法律以外のことも書くことができます。

　その付言事項に家族への感謝の気持ちなどを著したら、家族への愛情が再認識できました。さらに、「死」と真正面から向き合ったことで、自分が今後、どのように生きるべきかを深く考えることができたように思えました。

　家族には遺言を作成したことのみを伝えて、内容はあえて伝えていません。しかし公正証書にしたことで、自分の死後は必ず遺言を開いてもらえるという安心感があります。

　2020年7月10日から、公正証書にしなくても自筆証書遺言を法務局で預かってもらえるサービスが始まります。生前に遺言書の存在を明ら

かにしておけば、遺族に必ず見つけてもらえますし、費用面や手続き面でのハードルも下がるので、この遺言預かりサービスの利用を促したいところです。

(5)「二次相続以降」

遺言では、本人が死亡したら財産を誰に相続させるかを決めることができますが、遺産を相続した人が死亡したら、次は誰に渡すかということまでは決められません。たとえば、1番目は妻に相続させて、妻が亡くなったら2番目には娘に相続させるという遺言を公証人は認めてくれません。自筆証書遺言で書き残したとしても、現在の判例のもとでは効力は生じません。

信託は健常期に契約を結ぶことで、財産の名義を変えて家族など信頼できる人に管理してもらえるので、能力減退期も能力喪失期もまったく影響を受けません。さらに、本人が亡くなった後に誰に財産を継がせるかだけでなく、その継がせた人が亡くなった後は誰にするか、さらにそれ以降も信託契約を継続することができるので、戦前の家督相続類似の承継が可能になります。

先祖代々の不動産や会社の株式など、血縁を中心に承継したいと考えている家族にとっては、信託を活用することでそれらが実現可能となります。

4. 信託の登場人物と役割

信託法では、「委託者」「受託者」「受益者」という人物が出てきますが、それぞれに役割があります。はじめは馴染みにくく混同しやすいですが、基本となる概念ですので、しっかりと理解しておきましょう。

・「委託者」(財産を委託する人または法人)

→当初の財産の所有者

・「受託者」（財産を託された人または法人）

　→名義人になり財産の管理や処分をする人

・「受益者」（利益を受ける人または法人）

　→財産価値のみを受ける人

　このように３種類の役割が出てきますが、**「信託の契約当事者は、委託者と受託者のみ」**で受益者は契約には関与しません。一方的に利益を受ける人だからです。

　なお、実家信託の基本形は「委託者」＝「受益者」になります。ケーキと箱で説明すると、もし、ケーキを持っていた委託者が箱から出して、他の人にケーキを渡してしまうと、財産価値が移転することになり、信託といえども、ケーキをもらった人に贈与税がかかってしまうからです。税務当局はケーキの持ち主を所有者とみているわけです。

（1）委託者とは

　委託者とは信託する人をいい、信託財産の元の所有者です。信託契約の当事者ですから重要な役割ですが、信託した後は主役の座から降りることになります。委託者は財産の管理を受託者にすべて任せても、信託契約当事者として地位があり、信託に干渉する権利は残されています。

①委託者の権利

　委託者は信託の変更や終了させる権利、受託者を監督する権利など、受託者へ信託した後でも行使できる権利があります。これらの権利で、信託に与える影響が大きいのは受託者の解任ができることです。

　信託法では委託者および受益者は、いつでもその合意により受託者を解任して新しい受託者を選任することができます。また、委託者および受益者は、いつでもその合意により信託を終了させることができます。**「委託者＝受益者」が一般的**なので、委託者兼受益者である実家所有者

は、実家を受託者に任せた後でも強力な権利を行使することができるのです。

委託者と受託者との厚い信頼関係で成り立っている信託契約ですから、契約締結時には十分説明して理解、納得してもらうのですが、その後に委託者である親の判断能力が衰える場合があります。認知症が進むと猜疑心が強くなったり、忘れやすくなったりすることもあり、「こんな契約をした覚えがない」とか「私の知らない間に息子が私をだまして名義を変えた」などと言われたりすることもあるかもしれません。

親の認知症対策で信託を設定し、受託者が実家を管理、処分できるようにしても、簡単に解任されたり信託を終わらされたりしては、信託を組んだ意味がありません。そこで、簡単に解任や信託終了することのないように、委任者の権利を縮小させることは選択肢の一つに入れてもよいでしょう。

それらの権利も委託者が放棄することができ、その場合は、信託契約に「全部または一部を有しない」と定めることになります。

もちろん、私たちには信託を組む際に、受託者が本当に受益者のために働くのか、信頼関係に揺るぎはないのかについて確認することはいうまでもありません。

なお、あろうことか、受託者がその任務に違反して信託財産に著しい損害を与えたことその他重要な事由があるときは、委託者または受益者の申立てにより、裁判所は受託者を解任することができます。

②委託者の地位

委託者の地位は、委託者の権利を行使できる立場の人や法人です。また、信託終了後に財産が帰属する者を指定していなかった場合や、指定された者がその権利を放棄した場合には、委託者やその相続人などが財産の帰属権利者に指定されます。

つまり、委託者は最終段階で財産が戻ってくる可能性のある人です。

そこで、委託者の地位については大切に扱う必要があります。

ところで、信託は契約だけではなく遺言でも行うことができます。遺言で効力が発生する信託を「遺言信託」と言いますが、遺言信託では、委託者の相続人は委託者の地位を承継しないと規定されています。この反対解釈で、信託契約では委託者の相続人は委託者の地位を承継することになります。しかし、信託契約に定めれば「受益権を取得した者が委託者の地位を取得する」と、受益者のみが委託者の地位を取得することも可能です。

少しややこしい話をしましたが、この委託者の地位には十分に注意を払う必要があります。なぜなら、委託者の地位がどのように承継されるかによって、信託を終了する際の税金の扱いがまったく変わってくるからです（123頁参照）。

(2) 受託者とは

一方、受託者とは財産を託された人や法人のことをいい、財産の名義人になり財産の管理や処分をする役割を担います。

①受託者の資格

受託者は委託者から信頼され財産を託されているので、それを受けて財産を管理するとともに、ときには処分しなくてはなりません。そのため、未成年者、成年被後見人、被保佐人は受託者にはなれません。また、受託者が破産すると任務は終了します。破産した人は信託財産の管理はできないとされているからです。

②受託者の権限

受託者は、「信託の目的達成」のために必要な信託財産の管理、処分などの行為をする権限が与えられています。実家信託で考えると、受託者は自分の判断で実家の売却先を探し、売買価格を決めたり、売買契約を締結することができます。受託者はこのような大きな裁量を持ちます

が、信託契約で受託者の権限に制限を加えることができます。

では、「受託者の権限に制限を加える」とは具体的にどのようなことでしょうか。たとえば、実家信託の場合、原則、実家を売却するには受託者のみで手続きを進めることができますが、信託契約で「受益者代理人の書面による承諾が必要」などと追加すれば、受益者代理人の同意がないと売ることはできません（受益者代理人については117頁参照）。

③受託者の義務

受託者には信託財産を管理処分できる権限があるため、果たすべき義務も厳格になります。通常は「信託事務遂行義務」「善管注意義務」「忠実義務」「公平義務」「分別管理義務」「信託事務処理の委託における第三者の選任および監督に関する義務」などを当然に負うことになります。

そこで、実家信託に関しては次のようなものがあげられます。

ア．信託事務遂行義務

信託事務遂行義務とは実家を管理、処分する義務のことで、まずあげられるのが不動産登記です。信託することで受託者へ名義が移りますが、不動産登記では委託者と受託者が共同で、「所有権移転および信託」の登記申請を行います。

固定資産税の納付義務は受託者に変更され、実家の修繕や売却などの必要があれば手続きしなければなりません。また、実家の売却後も信託が継続する場合は売却代金が信託財産となるので、その金銭の使途を明確にして帳簿を付ける義務もあります。受益者に事務遂行の報告することも大事な仕事です。

イ．善管注意義務もしくは自己の財産と同一の注意義務

善管注意義務とは、自己の財産を管理・保存するよりも、高度な注意義務のことをいいます。たとえば、実家を売却するにあたり、「適正な価格の決定、相手方の探索、売買条件の策定、そのための交渉において

具体的に何をするかは、高度な注意義務をもって行うことになります。

　価格の決定を例にとると、信託にとって最適な価格を徹底して追求することは、コストとの関係もあるので要求されませんが、鑑定を取るか否か、取るならどこから何社程度の鑑定を取るか、どの範囲で価格交渉するかなどは、善管注意義務に照らして決まる」ことになります（条解信託法172～173頁：弘文堂）。

　しかし、実家信託では家族が受託者になり、無報酬で前記に記載した信託事務遂行義務を負い、実家をしっかりと管理、処分しなくてはなりません。ボランティアともいえる受託者に重い義務を負わせるのは少し酷な話です。信託法では契約で普管注意義務を軽減することを認めているので、実家信託における注意義務は「自己の財産に対するのと同一の注意義務」程度に軽くすることを提案しています。

　ウ．忠実義務

　受益者のため忠実に信託事務を行う義務です。

　エ．公平義務

　受益者が2人以上の場合に受益者のために公平に職務を行う義務です。

　オ．分別管理義務

　受託者は自分自身の財産と実家を分別して管理する義務があり、両者を混同してはいけません。

　カ．信託事務処理の委託における第三者の選任および監督に関する義務

　たとえば、実家の草刈りが必要になったとしても、受託者自身が草を刈る必要はありません。この場合、「信託事務処理の委託における第三者」として業者に代行してもらうことができます。このときに受託者は、自身が委託した第三者の選任と監督の義務を当然に負うことになります。

　④受託者の変更

受託者が死亡したり、後見開始や保佐開始の審判を受けたり（つまり、被後見人や被保佐人になったり）、辞任した場合、解任された場合などでは受託者の任務が終了します。その場合には信託は終わってしまうのでしょうか。安心してください、受託者の任務が終了しても信託の事務処理を引き継ぐことができるので、通常は受託者の任務が終了しただけでは信託は終わりません。

受託者の任務が終了したら、新しい受託者を選び信託は継続することになりますが、信託契約に新しい受託者や受託者の選任方法をあらかじめ定めておくことができます。その定めがない場合には、委託者および受益者が受託者を選ぶことになります。ただし、受託者が欠けて新しい受託者がいない状態が1年間継続したとき信託は終了します。

なお、受託者が辞任するには、委託者と受益者（通常は同じ人）の同意が必要です。受託者が勝手に辞めてしまっては、委託者と受益者が困るからです。なお、受託者にやむを得ない事情がある場合には、裁判所に許可をもらって辞任することはできます。

(3) 受益者とは

受益者とは、受益権を有する者のことをいい、2つの権利から成り立っています。

①受益者の2つの権利

一つは「実家信託においては実家に住む権利、実家を貸したときの賃料を受け取る権利、実家を売ったときに売買代金を受け取る権利」（以下「受益債権」という）で、もう一つは「受益者が受託者その他の者に対して一定の行為を求めることができる権利」です。

前述のように、信託を組むときの基本形は「委託者」＝「受益者」ですが、もし、受益者（利益を受ける人）を委託者（当初の財産の所有者）以外にすると（たとえば、父親が委託者で受託者を息子、受益者を

母親にして、父親と母親の間で金銭のやり取りがない場合)、父親から母親に無償で財産権が移転したとみなされ、信託契約をした途端、贈与税がかかってしまいます。

実家はタダで住んでいるので、受益者を父親から母親へ変えても贈与税がかからないのではないか…。と考える人もいますが、タダでも実家の不動産そのものを贈与されたとみなされるので、実家の不動産評価額を基準に贈与税がかかります。

それなら、贈与を避けるために売買したらどうかというと、母親には父親に信託する財産の適切な評価での金銭を支払う必要が生じます。もし、安い金額で売買してしまうと、こちらも贈与とみなされて、贈与税がかかる可能性があるのです。

したがって、当初の財産の所有者である委託者を受益者に設定することがポイントになります。繰り返しになりますが、税務当局はケーキの持ち主を所有者として、ケーキの持ち主が変わると財産価値が移動したとみなして課税しますので、常に誰がケーキを持っているかに留意する必要があります。

②受益者代理人と信託監督人

委託者、受託者、受益者の他に、受益者を守ったり信託を監督したりする次のような"名脇役"も登場します。

・「受益者代理人」（受益者の代理人）

→受益者を代理して受益者の権利を行使する人です。たとえば、受託者に財産管理の状況を教えてもらうように依頼したり、実家信託では受託者と受益者代理人により、状況の変化に応じて信託契約を変更できるように設定したりします。

・「信託監督人」

→受託者が財産管理を確実に行っているかを監督する人です。

委託者に子どもが数人いて、相互に牽制しながら実家の管理や処分を任せたいような場合は、それぞれの子どもに受益者代理人や信託監督人になってもらい、実家を処分するときには承諾を得るようにするなど、受託者の権限に制限を加えることもできます。

実家信託では、家族が信託の関係者になるのですが、昨今の少子化の影響で、この名脇役の成り手が不足しています。そこで、「受託者と受益者代理人や信託監督人を兼ねることはできますか」と聞かれることがありますが、残念ながら、受託者を監視するのが名脇役の役目なので、受託者と兼務することはできません。

5．信託の目的

信託には「一定の目的」を定めなければいけません。信託契約は委託者と受託者で締結しますが、その後、委託者は信託から離れることになります。受託者は委託者から財産を託されて管理、運用、処分までできるので、信託の目的が受託者の行動基準として大きな役割を果たします。

つまり、委託者がどのような目的を持って受託者へ信託財産を託したのかを明確にしないと、大きな裁量がある受託者は信託財産をどのようにして管理、運用、処分すればよいのか判断できなくなるおそれがあるわけです。実家信託においては、「委託者の判断能力が低下した後においても、信託財産を円滑に管理、運用、処分することで、受益者の安定した生活と福祉を確保すること」、「資産の適正な管理運用を通じて次世代への円滑な資産承継を図ること」などの目的を定めています。

この目的を家族で共有することがとても大事です。親が亡くなると、配偶者ときょうだいが相続人となりますが、相続人同士はいわば、「利益相反」する関係です。つまり、一人が遺産をたくさんもらうと、他の人がもらえる遺産が減るという関係です。

　そこで、遺産や相続の話になると、きょうだい間には緊張が走ることが多くの場面で見られます。しかし、「生前対策」は親のお世話をするために資産の凍結を予防するための方法なので、きょうだい間の連携を深めるよいきっかけになります。この連携のためにも、なぜ、この信託を設定するのか、信託の目指す方向性を決めた目的を家族、親族で共有することが大切です。

6．信託の変更

　実家信託を契約しても、途中でその契約を変更しなくてはならない場合があります。たとえば、信託終了時の帰属権利者を長男にしていたら、長女と同居することになったので長女へ変更したい、などです。そのときに当初の信託契約に信託の変更についての記載がないと、通常は「委託者、受託者および受益者の合意」が必要です。
　しかし、実家信託では委託者の権利の全部を有しないと定めることが多いため、委託者が信託の変更時に関与させると、信託の変更そのものができなくなるおそれがあります。実家の信託は長期にわたることが多いため、実家信託契約では「信託の変更は受託者および受益者の合意による」としています。

7．信託の終了

　信託を組むと、名義（箱）と財産価値（ケーキ）に分けられると説明しましが、元通りケーキを箱に戻すことは可能です。つまり、いつでも普通の所有権に戻すことができるのです。
　図表4-5を見てください。信託で、管理は名義人の子どもになっていましたが、信託を終了すると名義も財産価値も終了のときの「帰属権

利者」である母に移ります。つまり、ケーキの持ち主は父から母へ変わり、財産価値は父から母へと移転することになります。

　この場合、父が**生存中**に信託を終わらせて母が帰属権利者になると、通常は母に贈与税がかかることがあります。一方、父が信託を終了させて帰属権利者を父とした場合には、財産権の移転はないので贈与税はかかりません。なお、父の**死亡**をきっかけに信託が終了して母が帰属権利者になると、母に相続税が発生することがあります。

　ところで、ケーキを箱から出したとしても、ケーキ自体の価値は変わりません。つまり、信託しても財産の評価額は低くなることはなく相続税が軽減されることはないため、相続税対策にはなりません。

図表4-5　信託の終了

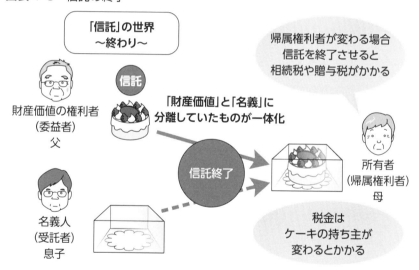

8．信託と不動産にかかる税金

　信託を組むときの基本は「委託者」＝「受益者」です。委託者自身が益を受けるので、このような設計の信託を「自益信託」といいます。

「委託者」＝「受益者」の場合、ケーキ（受益権）の移転がなく、受益者である委託者が財産価値を有することになります。税法上は、原則、受益者が信託財産を有するとされるため、財産の名義が受託者へ変わっても所有者は変更していないと判断され、贈与税は課されません。受益者に課税される「受益者等課税信託」を原則としているからです。

　信託設定時は不動産に不動産取得税や譲渡所得税はかかりません。また、所有権移転の際の税金（登録免許税）も低く抑えられています。

（1）不動産の名義変更にかかる税金

①不動産取得税

　土地や家屋を購入したり、家屋を建築するなど不動産を取得したときに、有償・無償の別、登記の有無にかかわらず、売買、贈与、交換、建築（新築、増築、改築）などにより取得した人（個人、法人を問わず）にかかる税金です。ただし、相続により取得した場合は課税されません。

　信託により不動産の名義だけを書き換えても、受託者が不動産を取得した訳ではないので、課税されることはありません。

②登録免許税

　不動産を登記するときにかかる税金です。贈与など所有権移転を伴う通常の登録免許税にかかる1,000分の20に対して、信託の場合は1,000分の4と通常の税率の5分の1と低額になります。

③譲渡所得税 （65頁参照）

　不動産の売却益にかかる譲渡所得税は、「委託者」＝「受益者」の信託の場合には、財産価値の移転がなく譲渡益が発生しないためかかりません。ただし、委託者が受益者ではなく第三者が受益者として金銭などの対価を受け取る場合は、譲渡益が発生することがあります。この場合は譲渡所得税が発生します。

④贈与税

贈与の際に一定金額以上を贈与したときにかかる税金です。以上をまとめると、図表4-6のようになります。

図表4-6　不動産の名義変更にかかる税金（自益信託の場合）

（原則税率）

	登録免許税	不動産取得税	譲渡所得税	贈与税
贈与	2%	4%	なし	かかる場合あり
売買	2%	4%	かかる場合あり	なし
信託	0.4%	ゼロ	なし	なし

（2）信託の途中でかかる税金

①固定資産税、譲渡所得税、贈与税

実家を信託すると名義が受託者になることから、固定資産税の納税義務者は受託者となり、受託者あてに納税通知書が届くようになります。ここで注意が必要なのは、受託者の自宅と実家が同じ市区町村内にある場合です。受託者には、自宅の固定資産税と信託した実家の固定資産税の両方が請求されるため、税金の明細をよく確認する必要があります。

信託している間は、信託不動産からの収益（賃料など）や費用は、受益者の収益や費用とみなされます。そこで、受益者が受益権を売却し売却益が出た場合は、受益者に譲渡所得税がかかります。同様に受益者が受益権を贈与したときも、贈与を受けた人には贈与税がかかります。

ところで、受益者が個人の場合は信託不動産の所得に損失が生じても、他の所得と相殺はできません。また、翌年以降への繰り越しもできないため、損益通算には注意が必要です。

②固定資産税の支払い

実家を信託すると、受託者が固定資産税の納税義務者になりますが、固定資産税は信託事務を処理するのに必要な費用として、原則、受託者が信託財産あるいは自分の財産から支払います。支払額があらかじめ分

かっていれば、信託財産から前払いすることができます。受託者が自分の財産から支払った場合は、支出した日以降の利息を付けて信託財産から返してもらうことができます。

また、受託者の信託財産に金銭がなかったり不足する場合は、受益者に固定資産税などの費用を請求できるようにしておきます。そのためには、それぞれ個別に合意して、費用の前払いや立替払いを返してもらうように決めておく必要があります。

(3) 信託の終了時にかかる税金

信託を終了させるとき、つまり、信託不動産を通常の不動産に戻す場合の登録免許税や不動産取得税は、信託設定時とは異なり負担額は大きくなります。具体的には、登録免許税が原則1,000分の20、信託抹消の登記手数料が不動産一筆につき1,000円かかります。ただし、次のような例外があります。

①委託者、受益者に変更がなく信託を終了する場合

信託の委託者＝受益者の自益信託で、信託期間中に委託者および受益者に変更がなく、信託終了時に初めの委託者に所有権を戻す場合は、登録免許税、不動産取得税ともに非課税となります。

②受益者が委託者の相続人のとき

自益信託で信託設定時から終了まで受益者の変更がなく、信託が終了したときに所有権を取得する人が委託者の相続人のときは、登録免許税は0.4%、不動産取得税は非課税となります。

これには、次の３つの要件を備える必要があります。

要件１：信託の信託財産を受託者から受益者に移す場合

要件２：当該信託の効力が生じたときから引続き**委託者のみ**が信託財産の元本の受益者である場合

要件３：当該受益者が当該信託の効力が生じたときにおける**委託者の**

相続人であるとき

　例として、父親が所有者の実家を、委託者兼当初受益者が父親、受託者が息子、父親が亡くなったら受託者の息子に受益権を移して息子が信託を終了させる場合には、登録免許税が軽減され不動産取得税が非課税になります。

　これら3つの要件のうち、要件2を満たすためには信託契約の条文に工夫が必要です。信託の契約書で「委託者の地位は受益者が取得する」などと条項に入れて明示しておくことが大切です。この要件を満たすと満たさないとでは、終了時の税金が大きく異なってきます。

　土地2,000万円（一筆）、建物1,000万円（一筆）実家（土地、建物とも固定資産税評価額とする）の信託を終了させて、別居している長男が取得したと仮定してみます。

①**要件3つすべてを満たす場合**（相続による税率で計算）

　　登録免許税は、委託者の変更で2,000円（1,000円×2筆分）、受益者の変更で2,000円（1,000円×2筆分）、信託の終了で12万円（3,000万円×0.4％）

　　合計12万4,000円

②**要件3つの1つでも満たさない場合**（その他の移転による税率で計算）

　　登録免許税は、信託の終了で60万円（3,000万円×2％）、不動産取得税は、土地は80万円（2,000万円×4％）建物は40万円（1,000万円×4％）

　　合計180万円

　要件3つを満たす場合と満たさない場合では、登録免許税が大きく変わり、不動産取得税も対象になるので、信託契約書の作成には注意が必要です。

注1：実家信託は司法書士法人ソレイユが商標登録しています。

第5章●
実家信託パックの
契約と手続き

第5章●実家信託パックの契約と手続き

　家族信託をお客様の事情に合わせてオーダーメイドで承継対策の設計をするには、多くの検討を要します。さらに時間もスキルも必要とされるため、受任できる案件はとても限定されます。そこで、多くの人に家族信託を利用してもらうため、"実家のみ"を信託する手続きを簡素化してまとめた**「実家信託パック®」**（注1・158参照）を開発しました。

1．実家信託パックとは

　実家信託パックの「実家のみの信託」とは、金銭信託を取り扱わない信託のことです。実家信託パックは多くの家族に活用してもらえるよう、仕組みをスリム化するとともにコストを抑えています。

　金銭信託をするには、金融機関で信託専用口座を開設してもらう必要がありますが、対応している金融機関が少ないうえに、今まで対応していた金融機関が取扱いを中止するなど状況が刻々と変化している現状です。また、実家だけ信託できればいいというニーズが多いことから、現段階では金銭信託はせずに実家のみで対応することにしました。

　さらに、親の死亡で信託を終了するスキームにしています。実家を円滑に売却することを目的とした信託が多いので、長い期間、管理のために信託を継続させる必要がないからです。

　信託は契約書を作成し登記したからといって、手続きした人と家族との関係が終わるわけではありません。登記後も不都合なことはないかなどフォローしつつ、信託が終了するまでお付き合いが続きます。実家信託パックでは、前述のように親が亡くなったら通常の不動産に戻すスキームを採用しています。

その他にも、利用にあたり制限をかけていますので、お客様が要件に該当するかどうかを確認しながら判断していきます。

2. 実家信託パック利用の流れ

実家信託パックはあらかじめお客様の条件を設定し、それに沿った家族に利用を限定しています。そこで、実際にどのような流れで実家信託を進めていくのか、「実家信託パック契約チャート」を基に説明していきます（図表5-1）。

図表5-1　実家信託パック契約チャート

1　チェックシートにより要件を確認

2　資料を取り受けて見積りを作成

3　お客様との面談を実施

4　松、竹、梅コースから選択

5　家族会議を開催

6　家族信託パック委任契約を締結

7　着金確認、信託契約書案の作成、公証人・金融機関と打合せ

8　委託者・受託者と内容を確認、説明

9　公証役場で手続きを実施

10　不動産について信託の登記を申請

11　損害保険会社等に名義変更を通知

12　登記事項証明書等各種の書類を返却

13　信託終了までフォローを実施

（1）チェックシートにより要件を確認

　実家信託パックでは要件を限定していますので、パックを利用できるかどうか、事前に「実家信託パック活用診断チェックシート」（以下「チェックシート」という）を使ってお客様に確認していただきます。このチェックシートは手続者と面談する前に送付しておきますが、書類の送付前に面談する場合は、相談者にヒアリングしながらチェックすることになります。

　では、次にチェックシートの内容について見ていきます（図表5-2）。

図表5-2　実家信託パック活用診断チェックシート

□ ①所有者は健在で判断能力がある。
□ ②親か子、または親子両方との面談ができる。
（テレビ会議や当方から出張でも可）
□ ③実家の土地・建物は両方とも持ち家で借地ではない。
□ ④実家の土地・建物の所有者は1名のみ、または2名の共有である。
（委託者が2名以上の場合は追加費用で対応）
□ ⑤実家の土地・建物ともに住宅ローンは残っていない。
□ ⑥将来、実家の土地・建物を担保にリフォームローンなどを組む予定はない。
（ローンを組む予定があれば事前相談）
□ ⑦所有者の推定相続人全員の同意および医師の診断書が用意できる。
□ ⑧実家の土地・建物の権利証（登記識別情報）が用意できる。
（紛失した場合は別途手続きが必要）

（ここでは、親族や家族の居住用不動産を「実家」と定義しています）

①所有者は健在で判断能力がある

　実家を信託するときの一番重要なポイントが、所有者の判断能力の有無です。このときに、判断能力が覚束ないまま信託を組むと、後になってから「こんな契約はした覚えがない」などと言われて、信託が無効になることがあるからです。

②親か子、または親子両方との面談ができる（テレビ会議や当方から

の出張でも可）

相談にお見えになる方は、将来、親の介護を気にされている子どもや甥・姪などの親族が多いのですが、時々、親の方から子どもに面倒をかけたくないと来所する方もいます。

親が遠方に住んでいる、あるいは健康状態などの理由で来所できないときは、子どもがまず面談で実家信託を理解して親に説明するケースも多いようですが、手続者が出張して同行したり、テレビ会議で打ち合わせに参加する対応も選択肢に入れます。日当や交通費がかかる場合があるため、事前にその旨を伝えておきます。

③実家の土地・建物は両方とも持ち家で借地ではない

実家の土地建物の権利は「所有権」であることが条件です。建物は所有していても敷地が**借地**の場合、信託をすると登記上は所有権移転のため、**地主の承諾**が必要になります。

地主に承諾をもらうには、信託についての理解を求める必要があり、承諾料を請求される場合もあります。専門的な知識を要するため、実家信託パックでは借地は対象から除外しています。

④実家の土地・建物の所有者は1人のみ、または2人の共有である

実家の登記を確認すると、親に加えて祖父母や叔父叔母など、複数人の名義となっている場合があります。この場合、不動産全体が凍結しないためには、所有者全員が委託者となり、それぞれに実家信託契約を締結する必要があります。しかし、全員に説明が必要なうえ信託の契約内容も異なり大変煩雑となります。そこで、原則として実家の所有者は1人のみを対象としています。ただし、夫婦で共有の場合も多いため、2人の共有の場合については、費用を少し上乗せして対応しています。

⑤土地・建物いずれも住宅ローンは残っていない

実家の登記を確認すると、住宅ローンの担保として「抵当権」や「根抵当権」が付いている場合があります。担保がついていると信託を組む

際に金融機関などの貸主に承諾を得なくてはなりません。これは、住宅ローンの約款で「所有者が金融機関の承諾なしに第三者へ譲渡した場合、金融機関から請求があったら、住宅ローンの一括返済をします」（一括返済は「期限の利益の喪失」という）とされているためです。

　多くの金融機関は「信託」の仕組みをよく分かっていません。担保権には優先弁済権があり登記で公示されているので、後から信託で所有権移転登記が入っても返済の権利は守られます。しかし、金融機関には信託への警戒感、拒否感があり、きちんと説得するには時間と労力がかかります。したがって、実家信託パックでは住宅ローンを完済している実家を対象としています。

　なお、住宅ローンが完済されていれば、登記上担保権が残っていても抹消できるので問題ありません。

⑥将来、実家を担保に金銭借入れの予定はない

　実家に親が住んでいると、バリアフリーや介護のためのリフォームが必要になることがあります。親が元気なうちに自己資金で賄ってくれればいいのですが、判断能力がなくなってから修繕費用を借り入れるための担保が信託不動産だと、障害になるおそれがあります。

　金融機関は融資の際に「信託を外して普通の不動産に戻してください」と要求する場合があります。認知症対策のために信託を設定したにもかかわらず、信託を終了して外すことは本意ではありません。そこで、実家信託パックでは実家を担保に借入れの予定がある家族は対象外にしています。

　なお、融資を受けずに自己資金でリフォームする場合でも、実家の所有者の判断能力がないと、工事の契約そのものができません。小規模な工事は除き、工事契約においても発注者の意思を確認する義務を負う時代になっています。しかし、信託を使えば、受託者が工事の発注者となり業者と契約することが可能です。

そのため、将来、借入れの予定はないが実家の修繕が必要になるような家族は信託すべきです。

⑦所有者全員が同意している

信託契約によって実家の名義が委託者から受託者へ変更されます。しかし、財産権は残るにもかかわらず、名義を変えることに抵抗を示す人が多いのが現実です。信託全般にいえることですが、委託者の同意は必要条件です。また、夫婦共有の場合は、夫婦ともに信託するケースが多いことを理解して同意していただく必要があります。

⑧所有者の推定相続人全員の同意および医師の診断書が準備できる

相続でもめる家族の典型的な例は、不動産があっても金銭が十分にない家族です。信託契約は、委託者である実家の所有者と受託者との二者契約なので、二者の合意があれば契約は成立しますが、実家信託パックでは、推定相続人全員の同意を必要としています。事前に推定相続人が信託について理解し納得していれば、トラブルに発展するおそれは低くなるからです。

推定相続人とは、所有者が死亡した場合に相続人になる人をいい、前配偶者との子や養子に出した子なども含みます。時々、別れた妻や夫との子とは縁が切れているので、相続人にはならないと思っている人がいますが、相続では血のつながりを重視します。血縁関係がある以上、相続人となるのです。

次に推定相続人の例をあげますので確認してください。

・所有者に妻と子がいる場合

　…推定相続人は、所有者の妻と子全員

・所有者に妻がいる場合（子どもなし、親なし）

　…推定相続人は、所有者の妻ときょうだい

・所有者に妻と親がいる場合（子どもなし）

　…推定相続人は、所有者の妻と親

・所有者に子どもがいる場合（妻なし）

　…推定相続人は、所有者の子全員

　なお、所有者の判断能力の確認のために、医師の診断書を提出してもらい、判断能力が確実にあることを証明してもらいます。

　⑨権利証（登記識別情報）が用意できる

　実家を信託すると、登記名義を受託者へ変更しなくてはなりません。登記申請をするには、実家所有者の権利証（登記識別情報）が必要です。紛失した場合は別の方法で登記申請をするため、事前に確認しておきます。

（2）資料を取り受けて見積りを作成

①不動産の所在地、家屋番号を確認する

　実家の所有者の確認や住宅ローンなどの担保状況などを調べるために、登記情報を取ります。登記を調べると、実家の名義が亡くなった祖父母のままだったり、父の単独名義だと思っていたのが、持ち分の一部が母に贈与されていたりなど、真の所有者を確認することができます。

　また、実家の土地が祖父母や叔父・叔母などと共有になっていることもあります。その中で亡くなっている人がいたら、相続の手続きをして所有者を確定しなくてはなりません。

　ところで、実家の敷地が農地の場合は注意が必要です。農地は農業協同組合または農地保有合理化法人による信託の引受け以外、原則として信託できません。そこで、登記の地目が「田」もしくは「畑」になっていないかどうかを確認します。

　登記を調べるには、不動産の「所在地」が必要ですが、「住所」とは異なるので注意が必要です。所在地は「固定資産税・都市計画税納税通知書」で確認します。固定資産税・都市計画税納税通知書は、毎年4〜5月にかけて実家のある市町村（東京都は都税事務所）から納税義務者

（通常、不動産の所有者）に送られてきます。

　なお、この納税通知書の代わりに、固定資産評価証明書、固定資産課税台帳でも調べることができます。

　②登記事項証明書などで登記の状況を確認する

　登記情報は、「登記情報サービス」（https://www1.touki.or.jp）から取得できますし、登記事項証明書は法務局のホームページに取得方法が紹介されています。なお、権利部（甲区）には所有権に関する事項が記載されています。どういう原因でこの不動産を取得したのか、原因も記載されています（図表5-3）。

（http://houmukyoku.moj.go.jp/homu/static/online_syoumei_annai.html）

図表5-3　登記事項証明書の例（権利部・甲区）

権利部（甲区）（所有権に関する事項）			
順位番号	登記の目的	受付年月日・受付番号	権利者その他の事項
1	所有権移転	昭和＊年＊月＊日 第＊＊号	原因　　昭和＊年＊月＊日相続 所有者　東京都中央区＊＊＊ 　　　　山田太郎

　また住宅ローンが残っている、あるいは不動産を担保に融資を受けていると、ローン会社や金融機関の抵当権や根抵当権が乙区に記載されています。この場合、ローンを完済していない限り実家信託パックは使うことはできません（図表5-4）。

図表5-4　登記事項証明書の例（権利部・乙区）

権利部（乙区）（所有権以外の権利に関する事項）			
順位番号	登記の目的	受付年月日・受付番号	権利者その他の事項
1	抵当権設定	平成＊年＊月＊日 第＊＊号	原因　平成＊年＊月＊日金銭消 　　　費貸借同日設定 債権額　金3000万円 ＊＊＊＊

③道路の状況を確認する

　実家の敷地に私道（公衆用道路）が含まれていることがあります。この場合、道路の所有者と共有になるケースが多いので、実家信託にも共有持ち分を含める必要があります。

　実家を売却するときに私道部分が信託されていないと道路が売却できず、その結果、実家が売却できなくなるからです。相続で複数の不動産を承継した場合などは、道路と実家との関係が不明な場合があるので注意が必要です。

　ところで、道路は非課税のため固定資産税・都市計画税納税通知書や固定資産評価証明書に入っていない場合もあるため、以下の方法で確認します。

　ア．実家の登記識別情報（または権利証）に地目が「公衆用道路」とされている土地の記載がないか確認する

　イ．固定資産課税台帳（名寄帳）に「公衆用道路」とされている土地の記載がないか確認する

　ウ．公図を取り寄せて近隣の道路部分の所有者を確認する

　登記事項、固定資産評価額が分かれば、見積書を作成してお客様へお渡しします。なお、年度が異なると評価額が変わり登録免許税が変更されることがあります。また、公証役場の公証人手数料についても明記しておきます。

　（記載例）

　・「令和○年度の評価額に基づいて算出しております。年度が変更した場合、費用が増減することもございますのでご了承ください」

　・「別途、公証人への手数料が○万円程度必要となります」

④マンションでは集会所などの共用部分があるか確認する

　集会所や倉庫などが、そのマンションの全所有者の共有になっている場合があります。そのときは、その持ち分も一緒に信託しないと、建物

に付属している不動産なので、漏れてしまうと、マンションが売れない可能性があります。権利証で確認しておくことが必要です。

（3）お客様との面談を実施

①面談の３つのパターン

実家の登記事項を確認し見積りが準備できたらお客様と面談します。面談は、委託者の親と受託者の子とで行いますが、親と子ども全員が揃う場合もありますし、子どもだけの場合もあります。一般的には次の３つのパターンに集約されます。

ア．所有者である親（多くの場合、父親。共有の場合は両親）と子どもが来所し、子どもに迷惑をかけないよう気遣って依頼するパターン

イ．所有者ではない親（多くの場合、母親）と子どもが来所し、テレビや雑誌、書籍などや友人・親戚からの口コミで必要性を感じて依頼するパターン

ウ．子どもが来所し、家族会議で親や他の兄弟にどう説明すればいいか疑問点を解消したいというパターン

一番多いのは子どもが来所するパターンで、まず、子ども自身が納得してから親に説明するようです。時々、親を説得して欲しいと頼まれることがありますが、信託の説明はできても親に納得してもらえるかどうかは親子間の信頼関係の問題のため、まずは、子どもから親に説明して理解していただけるようお願いしています。

②所有者の判断能力の確認

実家を信託するには、所有者に判断能力があることが必須条件です。寝たきりで会話できないようなら契約行為はできません。一方、認知症の診断を受けていても、それをもって「判断能力がない」と断定するのは早計です。

日常会話でのコミュニケーションができ、住所、生年月日、干支が言えることは最低条件で、実家にまつわる思い出話などで本人の判断能力を測ります。多くの場合、実家と人生は深くつながっているため、会話を促進させるキッカケになります。

　親の判断能力が確認できたら、次は「信託を組むこと」の意思確認です。実家信託では実家の名義を受託者（たとえば長男）へ変える手続きが必要です。親は自分自身の将来の介護費用のために実家をスムーズに処分できるようにすることには同意しても、名義を受託者へ変えることには抵抗を示す場合もあります。

　そこで、親が存命中の受益者は親であり、実家の売却代金はすべて親のものとなる旨、十分に説明し納得してもらいます。この説明のときに、ケーキと箱の例えがとても有効です。価値のある財産権（ケーキ）が親の手元に残ることがビジュアルとして、深く印象付けられるので、効果が大きいことが多いようです。

　面談ではさまざまな質問が出ますが、これらに迅速・正確に答えることで、相談を受ける専門家は信頼を得ることができ、受任につながります。

③受託者の義務や責任についての承諾

　親の判断能力や意思確認と同様に大切なのは、受託者の意思確認です。受託者は単に名義人になるだけではなく、信託事務遂行義務、善管注意義務、忠実義務、公平義務、分別管理義務、信託事務処理の委託における第三者の選任および監督に関する義務を当然に負うことになります。親が実家信託を望んでも、受託者となる子が抵抗して、契約をあきらめたケースもありました。

　次に実家信託で特に認識しておくべき義務や責任について説明します。

　ア．固定資産税の納税義務

信託不動産の受託者は、固定資産税を納める義務があります。固定資産税・都市計画税の納税通知書は、1月1日の所有者あてに届きます。原則、受託者が信託財産から支払いますが、実家信託パックでは受益者の預金口座から自動引落しにより支払うようにしています。また、手持ち金庫などで現金を保管しておくという方法もあります。

イ．分別管理義務

不動産を信託した場合、信託財産として明確に区別するために、「所有権移転登記」と「信託登記」を申請し、受託者名義に変更しなくてはなりません。ここで固定資産税・都市計画税は、受託者の自宅と実家が同じ市区町村内にある場合、自宅と信託不動産が同じ納付書で請求されます。

したがって、自宅と実家の明細を確認して区別しておく必要があります。

また、信託された金銭がある場合、受託者名義の口座で管理することも可能ですが、自分の金銭と混同しないような工夫が必要です。そのため、新規に口座を開設して管理します。なお、受託者名義の口座で管理した場合、受託者がケガや病気で判断能力を喪失したり死亡すると、口座が凍結されるおそれが高くなります。

滅多にないことですが、受託者が差し押さえをされると、信託専用口座として管理した口座でない限り強制執行の対象になるので、あらかじめ説明と理解が必要です。

ウ．所有者としての義務

実家の所有者としての管理義務が生じるので、実家が倒壊したり、台風などで屋根の瓦が飛んだり、外壁材等の落下により隣の建物や通行人などに被害が発生すれば、責任を負うおそれがあります。

＜受託者の義務と責任のまとめ＞

・受託者は信託契約に定めた範囲内で実家不動産の管理・運用・処分等を行うこと

・受託者は受益者のために忠実に事務処理をする義務があること
・受託者は固定資産税の納付義務者になること
・信託財産に係る帳簿等の書類を作成する義務があること
・信託不動産と受託者自身の財産とを分別して管理するため、登記申請をする必要があること。なお不動産を売却し、売買代金を受け取ったときに金銭が混じらないように分別することには特に注意が必要
・信託登記により不動産の名義が変わるため、契約後、火災保険等の損害保険契約の被保険者の変更等の手続きは必要があれば速やかに行うこと

　次に「実家信託パック」の3つのコースについて、それぞれ事例をあげて説明します。それぞれのコースに適した家族像がありますので、確認してください。

(4) 松、竹、梅コースから選択

　実家信託パックでは、「松」「竹」「梅」という3つのコースを準備しており、お客様のニーズに合わせて選択してもらいます。ここでは、次のような家族を例にとって説明します。

＜実家所有者＞
父（75歳）、母（73歳）
長男（48歳）、長女（45歳）の4人家族
長男、長女はそれぞれ家庭を持ち別居している。

＜信託の目的＞
1．両親の安定した幸福な生活および福祉の確保
2．両親の生活、介護、療養および納税等に必要な資金の給付
3．実家の円滑な承継

①松コースのスキーム

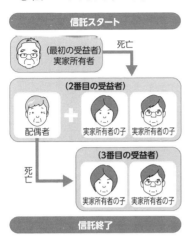

<松コース：親から子へ、その後に子へ>
委託者兼受益者：父
受託者：長男
父死亡後の二次受益者：母、長男、長女
帰属権利者：長男、長女
信託の終了：両親双方の死亡

　松コースの信託は、父が亡くなったら、母と子どもの双方が受益権を承継し、母が亡くなったら、信託を終了して子どもが不動産を受け取る流れになります。

　<松コースを選択する家族像>

　・母親の健康状態が良好でないため、父親が亡くなった後に単独で長期にわたり実家に住み続けることが難しいと考えられ、母親の死亡前に実家を処分する可能性が高い。

　・実家を処分したときに母親だけでなく、子どもたちも売却代金を受け取りたい。

　・父親の資産が多いため、実家を母親単独で承継させると二次相続で相続税が高額になることが想定される。

　<信託契約のポイント>

　・信託契約後は、父の判断能力の有無にかかわらず、長男が自身の名義で自宅の管理や処分が可能です。父が亡くなると母へ受益権が移動しますが、実家の名義は長男のままのため、父の死亡時にすでに母の判断能力が不十分でも、同様に実家の管理、処分を行うことが

できます。

・父が死亡して受益権が母へ移動することで、相続税において配偶者の税額軽減が使えます。

・父の死亡後、受益権は母と長男、長女へ移動するので、実家を賃貸や売却した場合には、その賃料や売却代金は母と長男、長女の財産として残ります。母の介護費や生活費はもちろんのこと、子どもも金銭を受益者として受け取ることになります。また、マイホーム特例（66頁参照）が使える可能性もあります。

・両親が2人とも死亡するまで実家を売らなかった場合は、両親の死亡後、実家は長男、長女の共有になります。その後に売却すると、売却代金は長男、長女で分けることができます。

＜留意点＞

　父が亡くなったのちに受益権が家族全員に移転しますが、実家はすぐに金銭になる訳ではないので、家族の一部から不満が出る可能性があります。信託を組む前に家族会議を開いて、家族全員が理解し納得することが大切です。

②竹コースのスキーム

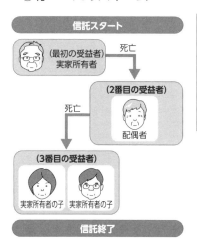

<竹コース：親から子へ、その後に子へ>
委託者兼受益者：父
受託者：長男
父死亡後の二次受益者：母
帰属権利者：長男、長女
信託の終了：両親双方の死亡

　竹コースの信託は、委託者兼受益者が当初は父のみで、父が亡くなったら、次の受益者は母になります。その後、母が亡くなったら子どもへ承継させたのちに信託を終了して通常の不動産に戻り、長男と長女の共有不動産になる、という流れです。

＜竹コースを選択する家族像＞

・母が健康で父が亡くなった後も、引き続き母が実家に住み続けることを希望している（女性は男性より平均的に約10年長生きするので、父の死亡時に母が元気で生存している可能性が高いと考えられる場合）。

・母の資産が少ないため、余生を父からの遺産で賄いたい。

・父の財産の帰属先を今から決めることが難しいので、とりあえず母へ全部承継させることで話がまとまりやすい。

＜信託契約のポイント＞

・信託契約後は、父の判断能力の有無にかかわらず、長男が自身の名義で自宅の管理や処分が可能です。父が亡くなると母へ受益権が移動しますが、実家の名義は長男のままのため、父の死亡時にすでに母の判断能力が不十分でも、同様に実家の管理、処分は長男が行うことができます。また、マイホーム特例（66頁参照）が使える可能性もあります。

・父が死亡して、受益権が母へ移動することで、相続税において「配偶者の税額軽減」が使えます。

・両親の生存中に実家を賃貸や売却した場合は、その賃料や売却代金は両親の財産として両親のために使えます。後見制度では、本人の財産を守ることが厳格に扱われるため、父の財産から母の生活費や医療費を捻出するには、裁判所や後見監督人にお伺いを立てる必要があり、どれほどの金額が認められるか分かりません。

・両親が２人とも死亡するまで実家を売らなかった場合は、両親の死

141

亡後、実家は長男、長女の共有になります。その後に売却すると、売却代金は長男、長女で分けることができます。

＜留意点＞

父が亡くなったのちに受益権がすべて母へ移動するため、家族から不満が出てくる可能性があります。このパターンも、事前に家族で話し合い父が金銭や生命保険で準備するなど、信託を組む際に手当てしておきます。

③梅コースのスキーム

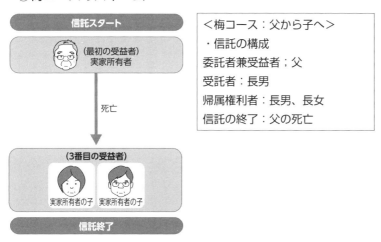

梅コースの信託は、父所有の実家を信託し、委託者兼受益者の父が亡くなったら信託を終了して通常の不動産に戻り、長男と長女の共有不動産になる、という流れです。

＜梅コースを選択する家族像＞

・すでに母が亡くなっており、父のみが残されている。
・母は健在だが資産を多く保有しているため、父の遺産を承継させると、二次相続で相続税の負担が大きくなってしまう。

＜信託契約のポイント＞

・信託契約後は、父の判断能力のあるなしにかかわらず、長男が自身

の名義で自宅の管理や処分することが可能です。

・父の生存中に実家を賃貸や売却した場合は、その賃料や売却代金は父の財産として残ります。

・父の死亡時まで実家を売らなかった場合には、父の死亡で実家は長男、長女の共有になります。その後に売却すると、売却代金は長男、長女で分けることができます。

＜留意点＞

両親が健在の場合、たとえば父が委託者の場合、母を飛ばして子どもにすぐに承継させる場合も梅コースを利用できます。ただしその場合には、母が子どもに対して遺留分侵害額請求を行う可能性があります。特に父が死亡したときに母が判断能力を失っていて、成年後見人がついている場合はその可能性は高まります。

信託することで遺産から外れるため遺留分の対象外という説と、信託しても遺留分の対象になるという説がありますが、父が遺言で母へ実家以外の財産を相続させるとか、生命保険で金銭を手当てするなどの配慮が必要です。父より子どもの方が先に亡くなることもあります。その場合は信託終了時の所有者は誰にするのかを事前に決めておきます。

‥‥＜コラム・専門家の選定と依頼＞‥‥‥‥‥‥‥‥‥‥‥‥‥‥

実家信託パックは信託契約公正証書を公証役場で作成してもらい、その後に不動産登記申請を行うために、公証人と信託契約書案をやり取りする司法書士や行政書士などの専門家の関与が必要です。

近年は、家族信託、民事信託をホームページに掲げている専門家が増えてきましたが、専門家を選ぶときのポイントは、依頼者が理解できるように説明しているか、依頼者の質問に対して納得できる回答が得られるか、ということです。

信託の説明には専門用語が多く出てきますが、一般の方はすぐに理解

できません。専門用語を使わずに説明するには、専門家自身が信託を深く理解している必要があります。依頼者にとっては、信託の仕組みや流れ、契約書の条項に至るまで、はじめてのことばかりのため、質疑応答を繰り返すことで理解を深めることができます。

　専門家に依頼する際には、事前に見積りを提出してもらい、家族会議で提示して家族の承諾を得ておくことが必要です。

　　＜家族信託契約のよくある質問への回答＞
Ｑ：家族信託については概略理解できました。委託者、受託者、受益者という言葉にも慣れてきました。皆さん家族信託は素晴らしい方法だと言うのですが、新聞等にはあまり載らないし、私の周りで契約したという人はいません。何か理由があるのですか？
Ａ：現在の信託の制度は明治時代に導入され、大正11年に信託法と信託業法が制定されました。信託業法は営業として行う信託を規制する法律で、長年、信託銀行がその役割を担ってきました。しかし、時代の要請により平成18年に信託法が改正され、家族など信頼できる人や法人との間で、財産管理や財産の承継対策に使えるようになりました。

　法律の改正から十数年経過していますが、なかなか社会全体に広がりませんでした。しかし、超高齢社会を迎え高齢者の財産管理の一手法として、認知症対策にも相続対策にも使える家族信託にニーズが出てきました。そこで最近では、テレビや新聞でも紹介されてきています。

Ｑ：認知症対策として実家信託を勧められていますが、親が認知症になる前に実家を売却すれば、信託する必要性はないと思うのですが…。
Ａ：おっしゃる通りです。もちろん、ご両親が元気なうちに実家を売却してお金に換えれば、信託は使う必要はありません。しかし、実家にある家財道具や思い出の品をなかなか処分できないようです。また、介護

施設に入所しても、何かあったときに戻れる場所を確保しておきたいという気持ちもあります。

　ところで、所有者である親の判断能力がなくなってしまうと、実家は売却したり賃貸することができません。親が元気なうちに実家の信託契約を締結すると、万一、実家の処分が必要になっても、お子さん自身が手続きできるので安心ではないでしょうか。

Ｑ：実家信託の手続きは、専門家に頼むことなく家族で行えますか？

Ａ：実家信託をするには、信託契約書の作成が必要ですが、契約内容によっては多額の税金が課されたり、途中の状況変化に対応できなくなることがあるため、専門家に依頼しないことはとても危険です。また、信託契約書を公正証書で作成する場合には、公証人とやり取りをしなければなりません。さらに、不動産の登記は司法書士が行いますが、契約書の内容が適正でなければ、登記を受けてもらえないこともあります。ですから、家族が自力で実家信託の手続きを行うには、相当の知識を備えておかないと難しいと思われます。

Ｑ：実家信託を結びたいのですが、最近、親が高齢のため物忘れが多くなってきています。軽度の認知症かもしれません。会話をするには問題なく署名もできますが、そのような状態で信託契約をすることは可能ですか？

Ａ：認知症の疑いがあっても、「契約能力がない」と決めつけないでください。信託契約で本人に理解してもらいたいポイントは、子どもなどの信頼できる人に財産の名義を変更して、管理や処分してもらうことです。それらを理解・納得して契約書に署名できれば契約はできます。なお、契約能力を証明する医師の診断書を準備していただきます。精神科で作成してもらうのがベストですが、“かかりつけ医”でも日常的に本人の状態を診ておりコミュニケーションも取れるのでよいと思います。

（5）家族会議を開催

①なぜ家族会議の開催が必要か

　面談で詳細について理解できたら、次は家族会議の開催です。日頃は、親の財産について家族で話をする機会はほとんどないでしょう。しかし、生前対策を行うには親と話し合いをしないと進みません。親が認知症になったらどう対処するか、また、相続が起きたらどうするかを家族（両親、兄弟、親戚など）で話し合うとよいでしょう。

　ただし、とてもセンシティブなテーマなので、話の切り出し方には十分な配慮が必要です。滅多に顔を見せない子どもが実家を訪れて、いきなり親の財産や相続の話を始めたら、親として気持ちのよいものではありません。心を閉ざしてしまうこともあり得ます。そこで、親の信頼を得るための準備をしなくてはなりません。

　親の生活状況を気にかけている気持ちを表すために、こまめに電話や訪問して状況を報告し、親の日常生活に耳を傾けるようにし、「何か困っていることはないか」と、まずは、子どもが親にできることを見つけるようにします。また、親が気になっているお墓や仏壇の話から切り出して、徐々に財産管理や財産の承継について話題を持っていく方法もあるでしょう。

　家族会議では、極力、家族全員が参加するようにします。遠方にいる家族などには、テレビ会議などを活用して参加してもらいます。一部の子どもだけで話し合うと、他のきょうだいからは抜け駆けしたと勘違いされたり、親からは独り占めしたいのかと疑われたりして将来に禍根を残しかねません。親はいつまでも子ども同士仲良くしてくれることを望んでいるので、きょうだい揃って話し合うだけでも喜びます。そのような場を設けることも親孝行の一つです。

②家族会議の協議事項

　ここでは、家族会議での主な協議事項について説明します。

　ア．実家信託パックの松、竹、梅コースの中のどのコースを選択するか。手続きなどの費用については同意しているか

　イ．受託者は誰にするか。また、もし、受託者が委託者より先に死亡したり、認知症になったりした場合には、代わりの受託者は誰にするか

　通常は子どもや信頼できる人、家族で構成した法人などを受託者にします。滅多にないことですが、受託者になった子どもが親よりも先に亡くなる、病気などで判断能力を失うこともあるので、代わりに受託者（「予備受託者」という）になれる人を決めておきます。たまに、委託者は父で受託者を母にしたいと希望するケースがありますが、なおさら予備受託者が必要です。

　ウ．当初受益者が、父（もしくは母、あるいは両方とも）の場合、父が死亡した後の受益者（二次受益者）は誰にするか

　父、母ともに健在のときは、それぞれが亡くなったときに受益権が互いに移動するようにして、生活のために財産を使うことができますし、「配偶者の税額軽減」（1億6,000万円か配偶者の法定相続分相当額の多い金額までは配偶者に相続税はかからない）により相続税が軽減されるので、父母が互いを二次受益者にすることが多いようです。しかし、父母共に財産を多く持っている場合には、片方に承継させると相続税の負担が大きくなるため、十分な注意が必要です。

　エ．二次受益者が当初受益者よりも先に死亡したときは誰を受益者にするか

　一般的には、親が亡くなった後に子どもが年齢順に亡くなることが多いですが、必ずしも順番通りになるとは限りません。当初の受益者である親よりも、二次受益者の子どもが先に死亡したときの対応を考えておく必要があります。また、当初受益者が父、二次受益者が母で、母が亡くなったら子どもが不動産の帰属権利者になって信託が終了するという

構成にすると、母が父より先に亡くなった場合には、二次受益者は子どもになるような設計が必要です。

オ.「受益者代理人」や「信託監督人」は選任するか

　受益者代理人は受益者の代理として受益者の権利を行使してくれます。信託契約では、信託の変更や終了は原則、委託者、受託者、受益者の合意が必要ですが、受益者と受託者の合意でできる旨を信託契約で定めることが可能です。受益者に判断能力がなくなっても、信託の変更や終了の必要性が出てきた場合は、受益者代理人と受託者が協議して決められるので、状況の変化に迅速に対応できます。また、受益者代理人は受託者を監督する役目もあります。一方、信託監督人は受託者を監督するだけで代理はできません。

　実家信託の場合、子どもの一人が受託者になり実家を管理・処分しますが、受託者自身、一人だけだと心細い、使い込んでいると思われたくないなどの理由から、他の子ども（受託者のきょうだい）の参加も希望している場合は、受益者代理人や信託監督人の役割を与えると安心します。また、子どもを平等に扱いたいと思っている親には、これらの役割を与えれば信託契約書に名前が載るというメリットがあります。

カ.いつ信託を終了させるか

　実家信託パックでは信託の終了事由を親の死亡にし、子どもが承継して終わりにしています。たとえば、父親が死亡したら長男、長女へ帰属させて信託が終了するなどです。

　実家を売却しても、親が生きている限り信託は終わりません。実家の売却と同時に信託を終了させるときには、その旨を信託の終了事由にする必要があります。しかし、実家の売却を信託の終了とすると売却代金が親名義の口座に入金され、そのときに親に判断能力がないと口座が凍結されることもあります。

　せっかく、親の財産が凍結しないように信託を組んでも、売却代金の

入金口座が凍結されたら意味がありません。実家の売却代金や賃料が入ってくる場合、その金銭も分別して管理する必要があります。そこで、実家を売却や賃貸するときは信託金銭についての手続きが必要になることを受託者へ伝えておきます。

③家族会議のポイント

家族会議では、実家だけではなく相続全般について話し合いをした方が望ましいので、多少広めにそのポイントをあげます。

ア．親の財産を確認する

ネットで銀行口座や証券口座を開設していたなら、どこの金融機関か、IDやパスワードはどこに控えているのかなど。しっかり確認しておかないと、せっかくの財産がお蔵入りになるおそれがあります。

イ．認知症や病気になった場合

もし認知症になってしまったら施設で世話になるのか。自宅で最期まで過ごしたいか。

ウ．施設に入ることになった場合

どのような施設に入りたいか。十分なケアが期待できる高額な施設か、グループホームで楽しく暮らしたいか。なお、施設は下見しておくことが必要。

エ．病気などで判断能力がなくなった場合

財産管理や身上監護（被後見人の生活・医療・介護などに関する契約や手続きを行うこと）を行って欲しい人や法人は誰か。

オ．回復の見込みのない末期状態になった場合

延命治療を行って欲しいか、尊厳死を選ぶのか。尊厳死を希望する場合は公証役場で「尊厳死宣言」を行う。

カ．亡くなった場合

墓や仏壇は誰に継いでもらうか。遺産（信託以外の財産）はどのように分けたいか、寄付したいところはあるか。

（6）実家信託パック委任契約の締結

　家族会議で見積りを確認してもらい、どの実家信託パックのコースにするか決まったら、「実家信託パック委任契約」を結びます。

　この契約では、実家信託パックの定義、依頼者による情報提供および判断義務、互いの守秘義務、報酬・費用、契約の期間、契約の解約などを明記します。契約締結前に再度、面談で疑問点を明らかにしておくことが必要なケースもあります。また、公正証書の作成に必要な書類（印鑑証明書、住民票、戸籍謄本、身分証明書の写し）の取得を依頼します。

　実家信託パック委任契約が締結されたときに請求書を渡し、費用の払込みを依頼します。

（7）着金確認、信託契約書案の作成、公証人・金融機関との打合せ
①着金の確認と信託契約書案の作成

　費用の着金が確認できたら入金のお礼をします。そして、公証役場と信託契約書の内容について協議するため、時間がかかる旨を伝えます。

　契約書案が整ったら公証役場に信託契約書の案文を送付し、内容について協議します。公証人の対応はさまざまで、内容について細かく修正を求める人もいますし、法的に誤りがなければほとんど修正せず、当事者の意思を尊重してくれる人もいます。また、契約内容については専門家に質問されることもあります。

　必要書類は、契約内容や公証役場によって異なることがあるので、契約書の案文を送ったときに必要書類を確認します。通常は、委託者と受託者の印鑑証明書、契約書に受益者代理人や信託監督人がいれば、それらの人の住民票や戸籍が必要な場合もあります。また、本人確認のために運転免許証やマイナンバーカードが必要な場合も多いです。

　信託契約は公正証書でなく私文書で作成しても法的には問題ないので

すが、原則として実家信託パックでは公正証書で作成します。公証人は元裁判官や元検事などが多く、案文に沿って法的に間違っていないかをチェックしてくれます。公証人は契約時に契約書を読み上げたり説明したりして、信託契約の当事者の意思を尊重し中立的な第三者として関与してくれます。

　信託契約は、委託者の判断能力がなくなっても死亡してもその効果が継続されるため、後々のトラブルを避けるためにも公正証書で契約します。さらに、実家の売却後に金融機関で信託口座を開設する際に信託契約書を提出しますが、公正証書でなければ口座開設に応じない金融機関も多いようです。

②公正証書の作成と公証人の費用

　公正証書を作成するには、原則として公証役場へ出向く必要があります。そこで、希望の公証役場を聞きますが、この際は、複数の公証役場を候補にあげて選んでもらいます。

　公証人は、公証役場で仕事を行うことになっています。しかし、依頼者が病気などで行くことができず、遺言公正証書を作成する場合等は出張もしてくれます。なお、公証人は自己の管轄内でしか出張できないため、たとえば、東京都内にある公証役場の公証人は東京都内に限ります。一方、依頼者は自由に公証役場を選べるので、依頼者が出向く場合は、九州在住の人が北海道の公証役場に依頼することも可能です。

　ところで、遺言公正証書は本人が公証人と会う必要があるので出張してもらえますが、信託契約も遺言と同様の効果があるため、多くの公証役場で出張してくれるようです。しかし、公証役場に来られない場合は代理人を立てるように指示する公証役場もあります。

　また、出張になると公証人の費用も多額になります。旅費（実費）、日当（4時間まで1万円、1日2万円）がかかりますし、契約書の加算手数料が必要な場合もあります。そのため、公証役場で見積りを出して

もらいます。

③信託契約書作成の危険性

信託契約書案の作成に際し、委託者、受託者、受益者などの登場人物を信託契約書に落とし込みますが、信託法を理解していない人が信託契約書案を作成するのは危険が伴います。次にその理由について説明します。

ア. 不動産が関係するので取扱いの財産額が大きく、契約書の書き方を誤ると多額の税金がかかったり、不動産を動かせなくなるおそれがあること

イ. 不動産登記を行うので、登記も視野に入れて契約書を作成しなくてはならないこと

ウ. 金融機関で信託口座を開設する際には、公証役場に提出する前に契約内容について打ち合わせておく必要があること

後になって後悔しないよう、信託について十分な知識と経験のある専門家を通して契約書案を作成します。「案文」ができた後は、関連書類（戸籍、住民票、印鑑証明書、不動産登記情報、固定資産評価証明書など）を公証人にファックスやメールで送ります。公証人は契約内容が法律に則っているかどうかを確認します。信託契約に不慣れな公証人もいるため、条文の説明や修正を求められることもあります。

日頃から信託に関する知識を磨いておき、お客様への質疑応答だけでなく、公証人に対しても明確に説明できるようにしておきます。

(8) 委託者・受託者と内容を確認、説明

公証人が作成した案文が送られてきたら、委託者、受託者と内容を確認し、変更があれば速やかに公証役場へ伝えます。このときに、公証役場へ行く日程を打ち合わせ、当日の持ち物（実印、印鑑証明書、身分証明書、公証役場へ支払う金銭など）を伝えます。費用は当日、現金で支

払うため準備してもらいます。

　なお、登記に必要な権利証（登記識別情報）は、事前の面談時か公証役場で預かります。信託契約の内容が固まったら、登記関連の書類を作成する必要があるため、司法書士に確定後の契約書案を連絡します。司法書士は、公証役場の手続きまでに登記に必要な書類を作成しておきます。

（9）公証役場で手続きを実施

　ここまで準備できたら公証役場での手続きになります。この日は委託者、受託者が出向く必要があるので、もし、お客様に連絡した日から間が空く場合は前日に確認します。また、登記書類を預かっていない場合は、公証役場で関係書類に署名・捺印してもらいます。権利証（登記識別情報）を預かっていない場合には預かるようにします。

　契約を締結後に、公正証書が2通（正本、副本）発行されるので、コピーを取るために1通を預かり、預かり証を渡します。

（10）不動産について信託の登記を申請

　信託契約公正証書ができ登記関係書類が整うと、次は不動産の登記申請です。受託者は自分の財産（固有財産）と信託された財産を分別管理しなくてはなりません。不動産は登記によって分別するので、信託契約が終わったら速やかに不動産の登記申請を行います。

　通常の所有権の登記と比べると、信託不動産の登記にはいくつかの特色があります。図表5-5の権利部（甲区）を見ると、この土地は昭和62年1月1日に父親が通常の所有権を相続で取得しており、肩書は「所有者」となっています。その後、平成20年1月1日に息子へ信託しており、「登記の目的」では「所有権移転」されています。しかし、実質的な所有権が移転された訳ではありません。

図表5-5 信託を登記した登記事項証明書（表題部、権利部、信託目録）

表題部（土地の表示）			調整	平成＊＊年＊月＊日	不動産番号	1000000000001
地図番号	K1-1		筆界特定			
所　在	市川市国府台○丁目					
① 地　番	② 地　目	③ 地　積　㎡		原因及びその日付［登記の日付］		
○番○	宅地		345：67	○番○から分筆 ［昭和○年○月○日］		

権利部（甲区）（所有権に関する事項）			
順位番号	登記の目的	受付年月日・受付番号	権利者その他の事項
1	所有権移転	昭和＊＊年＊月＊日 第＊＊＊＊＊＊号	原因　昭和62年1月1日相続 （所有者）千葉県市川市国府台○丁目○番○号 　　　　父親
2	所有権移転	平成☆☆年☆月☆日 第☆号	原因　平成20年1月1日信託 （受託者）千葉県市川市南市川○丁目○番○号 　　　　息子
	（信託）	余白	信託目録第＊＊＊＊号

信託目録		調整	余白
第　　　　号	受付年月日・受付番号	予　　　　　　備	
第＊＊＊＊号	平成☆☆年☆月☆日 第☆号	余　白	
1　**委託者**に関する事項	千葉県市川市国府台○丁目○番○号　**父親**		
2　**受託者**に関する事項	千葉県市川市南市川○丁目○番○号　**息子**		
3　**受益者**に関する事項等	受益者　千葉県市川市国府台○丁目○番○号　**父親**		
4　信託条項	1、信託の目的 本信託契約は、受託者（**息子**）が委託者（**父親**）の財産を適切に管理・運用し、受益者の判断能力が低下したとしても、かつ受益者が死亡したとしても、受益者やその家族にいつまでも安心して生活を送らせること及び円滑に財産を承継させることを目的とする。 2、信託財産の管理・運用及び処分の方法（略） 3、信託の終了事由（略） 4、その他の信託条項（略）		

　しかし、息子の肩書きは「**受託者**」で、また、「**所有権移転**」の表示の下に「**信託**」と記載されています。また、信託目録の番号も表示されています。このように、信託された不動産は登記を見るとすぐに信託不

動産だと分かるように記載されます。

　信託不動産には、別途「信託目録」も付いています。この信託目録には、委託者、受託者、受益者の氏名、住所、受益者代理人があるときは、その氏名、住所、信託の目的、信託財産の管理方法、信託の終了の事由などが掲載されています。ただし、法務局に登記事項証明書を請求するときは、何も伝えないと信託目録は付いてこないので、一緒にもらえるように依頼します。

(11) 損害保険会社に名義変更を通知

　信託登記が完了すると受託者名義の不動産になります。登記上は、所有権移転として登録されるので、火災や地震の際に保険金の支払いを受けることができるよう、保険会社に信託により名義が変更された旨を伝えます。依頼内容を書面にして保険会社に送付し、保険会社から変更の要否についての回答をお客様に報告します。

┄┄＜コラム・金融機関に信託口座を開設するには＞┄┄┄┄┄┄┄┄┄

　信託契約公正証書の作成が終わり、通常の依頼案件で信託金銭がある場合は、受託者自身の個人の口座とは別に信託口座を開設します。受託者の義務として金銭も分別管理する必要があるためです。金融機関の中には、「委託者○○　受託者○○　信託口」、「委託者兼受益者○○　受託者○○　信託口」などの名称で信託専用口座を開設してくれるところもありますが、現在はまだ少数です。

　受託者の個人口座を新たに開設し、信託口座として利用する方法もありますが、その場合は信託口座と分かるように紐付けしておく必要があります。しかし、受託者が受益者よりも先に亡くなると、受託者の相続手続きをしないと口座が凍結され、預金は受託者の相続財産とされてしまうおそれがあります。

また、受託者の預金が差し押さえられると、信託口座も差し押さえられます。信託口座の開設に際しては、これらのリスクを関係者に説明して了承を得ておく必要があります。さらに、信託専用口座を開設できても、単に名義を整えただけでは受託者の個人口座と同じなので、相続や差押えリスクをクリアできません。

　受益者が亡くなると受益者の相続人全員の同意がないと口座の凍結を解除しない金融機関もあるなど、取扱いはさまざまです。本来であれば、受託者の死亡、差押え、受益者の死亡は、信託口座の凍結には関係ないため、金融機関には信託口座の特質をよく説明し、理解・納得のうえで進めていくことが大切です。

　前述のように、実家を信託するとその固定資産税は信託財産から支払うことになります。ただ、そのためだけに信託金銭として金銭をストックしておくのは現実的ではないため、実家だけの信託の場合は受益者が固定資産税・都市計画税を納めるような設計にしておきます。

　信託口座を開設したら速やかに資金を移動します。このときは委託者が金融機関へ出向いて委託者の預金口座から払出しの手続きをします。受託者が信託契約書を持って預金を払い出そうとしても、委託者の口座のため委託者の意思確認が求められるからです。

　信託契約書が公正証書であっても、預金名義人（委託者）の意思が確認できなければ金融機関は払出しに応じてくれません。この資金移動が金銭を信託するうえでのヤマ場になります。公証役場を利用して信託を組んでも委託者が金融機関で手続きをしなければ金銭は動かせないのです。

(12) 登記事項証明書等各種の書類を返却

　登記済書類、預かっていた書類、法務局から発行された書類をお客様に返却します。

　＜返却書類の例＞
・新たに発行された登記識別情報
・登記事項証明書
・登記完了証
・固定資産税評価証明書
・信託契約公正証書
・医師の診断書（原本）
・実家信託パック委任契約書（写し）
・移転済の登記識別情報

(13) 信託終了までフォローを実施

　実家の売却や賃貸では、受託者が売買や賃貸の手続きをします。実家の売却代金や賃料は信託財産のため、信託口座に入金します。委託者の預金口座に入金されると払出しには委託者の意思能力が必要となり、金融機関に出向かなくてはならないこともあります。売却益が出れば受益者の確定申告が必要です。

　受益者が亡くなったときに信託が続く場合と終了する場合があります。信託しても税務上の所有者は受益者なので、相続税が発生する場合には申告が必要です。

　委託者が亡くなっても信託が続く竹コースや松コースの場合で、二次受益者へ受益権の承継をする場合も同様です。不動産登記では信託不動産の財産目録の受益者変更登記を申請します。また、信託口座を開設している場合は金融機関に連絡します。

　公正証書の作成と登記が完了しても、信託が終わるまではお客様をフォローして、必要な情報がすぐに届くようにしなくてはなりません。そこで、依頼者には定期的に事情をヒアリングする旨の連絡をします。また、新たな手続きに入る前に費用を見積り依頼者に話して安心しても

らうことも大事です。

　最後に、フォローが必要な局面をあげておきます。

　・実家を売却（賃貸）することになった。

　・信託関係者に相続が発生した

　（信託関係者とは、信託契約書上に記載された委託者・受託者・二次
受益者・帰属権利者等のこと）

　・委託者の財産をさらに信託する（追加信託）

注1：実家信託パックは司法書士法人ソレイユの商標登録です。

第6章●
ケース別・
実家信託のアプローチ＆
トーク

第6章●ケース別・実家信託のアプローチ＆トーク

本書の締めくくりとなる第6章では、実家信託を導入する際のアプローチ方法について、10のケースを取り上げて具体的に解説するとともに、家族に説明するときのトーク例を紹介します。

ケース1●子どもに迷惑をかけたくない親へのアプローチ

実家信託をするときの大きな障害が、親の不動産の「名義」を子どもに変えることです。不動産は多くの親にとって最も大きな財産の一つなので、名義が変わることに大きな抵抗感があります。人によっては、子どもに不動産を取られてしまうのでは、という危機感を持つ親もいることでしょう。

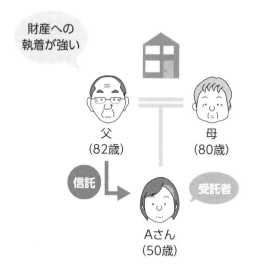

●権利証を渡すことに抵抗する父

Aさん（50歳・女性）は、父親名義の実家を実家信託するために来所しました。Aさんは、お父様に信託の説明をしたところ、当初は実家

の名義がAさんに変わることに難色を示していましたが、認知症対策の必要性をご理解いただき信託契約に承諾していただいたとのことでした。ところが契約の段になって、お父様は不動産の権利証（登記識別情報）を引き渡すことに抵抗したのです。

　権利証を紛失したのであれば対応は可能ですが、権利証があるのに渡したくないという理由では、登記は申請できません。信託による所有権移転登記手続きの申請意思を確認できないため、信託契約自体の意思も怪しくなります。そこで、依頼は受けたものの作業が止まっていました。

　Aさんはとても勉強熱心で、任意後見制度や法定後見制度など、他の方法をじっくりと研究し比較検討の結果、やはり信託でなければ認知症対策には不十分だと納得し、忍耐強く、お父様へ思いやりを持って説明を繰り返しました。

　その結果、最初の依頼から少し時間はかかりましたが、お父様もついには納得されて無事に信託契約を結び、登記も完了できました。

●優しく接して親の気持ちを上手に汲む

　親子間だと、感情がぶつかり直接的な物言いをして、「お父さんがボケたら大変だから、ちゃんと協力してよね！」などと、上から目線で言ってしまいがちです。そのような態度では親を怒らせて、話が進まなくなってしまいます。どんな場合でも親のプライドを傷つけるような言動は慎むべきでしょう。

　心の中では子どもに迷惑をかけたくないと思っている親は多いので、子どもの方から、一歩下がった立場で優しく接して、親の気持ちをうまく汲むことができれば、思いは通じます。別居している親が介護施設に入るときに十分なお金で対処できるように、親孝行のための資金を確保するために実家を信託で防御しておきたい、その気持ちを持ち続けなが

ら、焦らずにじっくりと話を進めるとよいでしょう。

　後日、「娘がいつも大切にしてくれているから、とても感謝している」
との言葉を実際に聞くことができるのも、実家信託を提案する醍醐味で
す。

<父親へのアプローチトークの例>

　「娘さんはお父さんのことをとても大切に思っていらっしゃいま
す。何かあったときにも、お父様の大切な財産が凍結しないよう、
そして、介護費用や入院費用に困ることのないように、今からお手
続きをしませんか？」

ケース２●まだ実家を売るつもりのない親へのアプローチ

　実家に両親が住んでいる場合、片親が亡くなり、残された一方の親が
施設に入るときに実家を売ればよいと考える方が多いようです。しか
し、実家を売る決断は難しそうです。

　施設に入るには実家の家財道具や荷物の大半は持っていくことはでき
ませんし、捨ててしまうこともなかなかできません。とりあえずは、し
ばらくの間実家に置いておくことになるので、家財道具の置き場所とし
て実家は必要になります。また、実家を売ってしまってから、もし施設
が性に合わずに親が自宅へ戻りたいと望んだときに戻る場所がないので
は困ります。

　入居時にすでに金銭が厳しい状況ですと、早急に実家を売る必要に迫
られますが、金銭的に余裕がある場合には、前記の理由などから売却の
踏ん切りがつかないものです。大抵の場合、親から「自分が頭のはっき
りしている間は自宅をそのままにしておいて欲しい。寝たきりになっ
て、判断能力がなくなったら売ってもいいから」と言われることが多い
ようです。

162

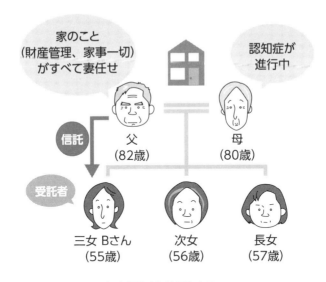

●母親と一緒に父親に実家信託を説明する

　Bさん（55歳・女性）は3人姉妹の末っ子で、両親が暮らしている実家の近くに住んでいます。また、上の姉2人は他県へ嫁いでいます。

　実家は父親名義でしたが、Bさんは、最近母親の物忘れが多くなっていることが気になっていました。父親は昭和初期の人らしく、家事一切、財産管理一切妻任せ。もし、母親の認知症が進んで施設で世話になってしまうと、父親は一人ではとても暮らしていけません。

　こういうケースは、父親も施設に入居せざるを得ない状況になります。母親が元気な間に実家信託の有効性を理解いただき、母親と一緒に父親に実家信託をするように説明すると、父親はすべてを妻に任せている性質が身についているので、「妻がそう言うのであれば…」と、話をスムーズに進めることができます。

　母親が先に施設に入って離れて暮らしてしまってから父親に実家信託を提案しても、父親だけでは判断できず話が進まないおそれがあります。将来、実家に住む予定がなく売却を予定しているのなら、両親納得のうえで、特に母親の強力な後押しで早めに実家信託をすることが必要です。

「お母様が元気な間は、お父様の身の回りをして差し上げるので、一緒にお過ごしになることができますが、もし、お母様に何かがあるとお父様が一人になってしまいます。そのような状況を想像できますか？　ご自宅が空き家になっても困らないように、今からできる準備をご子息様にお任せになられてはいかがでしょうか？　お母様の一声でお父様はご決断されるのではないかと思います」

ケース３●兄弟仲を気にしている親へのアプローチ

親は子どもたちがいつまでも仲良くしていて欲しいと願うものです。親に介護が必要になったときに、子どもたちが世話を押し付け合う姿は見たくはありません。そのためには事前の準備が必要です。

「子どもはすべて平等に扱いたい」と希望する方の気持ちには、親に何かあったときに子どもたち全員が協力して見守って欲しいという願いが込められているのかもしれません。そこで、実家信託に際して、子どもが役割分担して信託を担うことでその希望をかなえることができます。

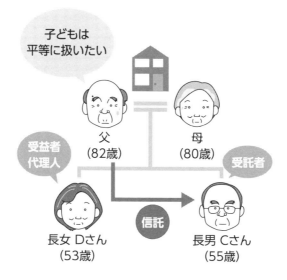

●子ども全員が契約に関与して協力する

父親、母親、長男Ｃさん、長女Ｄさんの４人家族のケースです。長男Ｃさんは父親が所有する敷地に自宅を建て、いわゆる「スープの冷めない距離」に住んでおり、長女Ｄさんは遠方で暮らしています。将来、両親が施設に入ったら、実家部分だけを切り離して売却し、その代金を介護費用に充てようと家族会議で決めました。

両親は、子どもには平等に承継させたいとのことなので、委託者兼受益者は父親、受託者を長男Ｃさんとし、二次受益者を長男Ｃさんと長女Ｄさんで均分に受益権を取得する信託を提案したところ、父親の表情が冴えません。実家の名義を長男Ｃさんに変えることで、子ども一人が財産を管理するイメージになってしまったようです。そこで、受益者代理人（117頁参照）を長女Ｄさんとし、子ども全員が契約に関与して協力できるようにしました。

ここでのポイントは、「信託契約書に子ども全員の名前を載せ、役割を与える」ことです。子ども全員の名前が契約書に記載されることで、すべての子ども等が役割を担って実家を管理、処分できることを明らかにできます。父親から見れば、一方の子どもに肩入れすることなく、子どもたちに平等な取扱いをしていることが実感できます。

＜父親へのアプローチトークの例＞

「お父様は子どもたちを全員平等に扱いたいとおっしゃっていました。こちらの信託契約書には、長男様、長女様のお名前とお役目がしっかりと載っています。長男様は受託者として、ご自宅の管理や売却をするため名義人となります。長女様はお父様の代理人として、長男様の管理状況をチェックする役目になります。ごきょうだいそれぞれが異なる立場で、ご両親をお守りしていけるような仕組みをご提案させていただきましたが、いかがでしょうか？」

ケース４●介護費用は立て替えるという子へのアプローチ

実家信託のメリットは、老人ホームの費用捻出のために実家を売却したいときに、すぐに対応できるということですが、お子さん自身、金銭に余裕があるため、親の財産を処分しなくても自分の金銭で賄えると思っている方もいます。

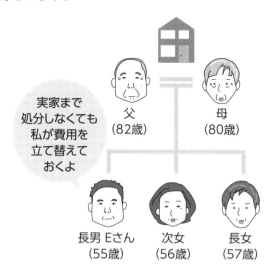

実家まで
処分しなくても
私が費用を
立て替えて
おくよ

父
(82歳)

母
(80歳)

長男 Eさん
(55歳)

次女
(56歳)

長女
(57歳)

●親の介護には親のお金を使うことが原則

都心の一等地に住む長男のEさん（55歳・男性）は、3人兄弟の末っ子です。地方都市に住む両親が老人ホームでお世話になってもEさん自身、かなりの蓄えがあるため、実家を処分しなくても、Eさんがその費用を立て替えて、親の相続のときに精算してもらえばいいと考えています。

Eさんの場合も実家信託は必要でしょうか。答えはイエスです。親の介護には親のお金を使うことが原則です。子どもが自分の金銭を使って親の面倒をみるとき、子どもは「親へ金銭を貸し付ける」とか「立て替える」という認識ではないでしょうか。貸付には、貸す人と借りる人の金銭消費貸借契約が必要ですが、親の判断能力がない状態で立て替えた

場合、契約自体が成立しません。

ところで、民法では「直系血族および兄弟姉妹は、互いに扶養をする義務がある（民法877条第1項）」と規定しており、家族間での扶養義務を負わせています。つまり、『子どもが子どものお金を使って親の面倒をみるのは当たり前』ということです。

仮にEさんが親の療養介護に関わる費用を出したのちに、親が亡くなり遺産分割協議をしたとします。当然、Eさんは親の生前に立て替えた分を返してもらおうと申し出たら、姉2人から「Eさんは両親の病院代や施設代を肩代わりしていたけれど、それは立て替えではなく扶養義務の範囲内でしょう」と言われることも想定されます。

このように法律が全面に出ると、すでに払っていた療養看護費用分を相続で調整してもらえないおそれがあります。

●空き家を防ぎ親の財産から介護費用を拠出する

たとえ相続人が調整してくれても、相続税を申告するときに債務として認めてもらえないおそれもあります。立て替えたことを証明するには、親子間でも「金銭消費貸借契約書」を作成して、確定日付を取ったり、公正証書にしておく必要があります。

しかし、親の判断能力がなくなってしまったから、立て替える必要性が出てきたのであって、立て替えのときに親と金銭消費貸借契約を結ぶことは不可能です。

また、実家信託の必要性はお金の問題だけではありません。お金の調達には心配なくても実家が空き家になってしまい、管理に手間がかかったり火災の心配もあります。

そこで、実家の空き家化を防ぎ、親の財産から介護費用を拠出することは必要なため、「介護費や医療費を立て替えなくても済むように信託しておくよ」と父はEさんに信託することにしました。

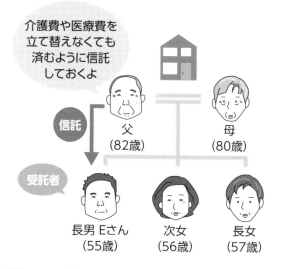

介護費や医療費を
立て替えなくても
済むように信託
しておくよ

信託

受託者

父
（82歳）

母
（80歳）

長男 Eさん
（55歳）

次女
（56歳）

長女
（57歳）

＜長男と両親へのアプローチトークの例＞

　「長男E様は、ご両親様に何かあっても、ご自身の蓄えで費用などを立て替えられるとおっしゃっていますが、実は、金銭消費貸借契約を結ばずにお子さんが親御さんのお世話の費用を出されるのは「持ち出し」になってしまい、「親子間での扶養義務」と言われてしまいます。つまり、遺産分割や相続税の申告のときに、控除されないこともあるということです。親御さんの医療費や介護費用は親御さんの財産を使うことで、これらの問題はなくなります。信託で早めに防衛されるとよいのではありませんか？」

ケース5●父親の相続で実家を母親名義にした家族へのアプローチ

　平均寿命から推測すると、一般的に女性は男性より10年以上長生きします。父を見送ったときにすでに母の判断能力がなくなっていると、相続人の間でもめなくても遺産が凍結してしまい、母親に成年後見人をつけないと遺産分割協議を行うことができません。

　しかし、亡き父親の遺産分割協議時点で母親が元気だったからといって

安心してはいけません。

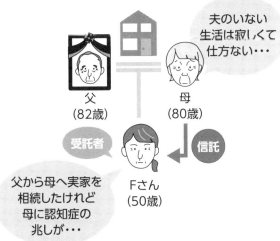

●将来施設に入る可能性から実家信託を勧めておく

一人娘のＦさん（50歳・女性）は、昨年、父親を看取りました。母親は現在一人暮らしです。母親は四十九日の法要までは、気丈に振る舞っていましたが、相続から半年ほど経って寂しさが押し寄せてきたようです。

遺産分割協議で実家を母名義にしましたが、判断能力の衰えが見え始めており、少し忘れやすくなり始めました。Ｆさんは、母親を一人にさせておくのは無理かもしれないと、施設でお世話していただくことを考えています。

Ｆさんの家族のように、実家に母親が住むために母親が実家を相続し母親名義にするケースは多いのですが、その母親がいつまで元気でいられるかは分かりません。

実家にいつまでも住み続けたいと願う母親の意思を尊重するために、母親へ相続させても将来、実家を出て施設に入る可能性を考えると、実家信託で防御しておくことは必要です。

<母親へのアプローチトークの例>

　「お父様がお母様のために、たくさんの財産を残して旅立たれました。お母様は一人で暮らさなくてはいけないため、さぞかし寂しい思いをされているかと思います。お母様に何かがあっても、お父様が残された財産で安心、安全な生活を続けていけるように、ご自宅をFさんへお任せされてはいかがでしょう？　将来、お母様、Fさんどちらもお困りにならないための準備なのです」

ケース6●親と同居している子へのアプローチ

　親と同居している子どもの場合、建物は親の単独名義や子どもの共有名義としている家族は多いと思われます。Hさんのように、親と同居して、さらに自宅を相続することが決まっている方にも実家信託は必要です。

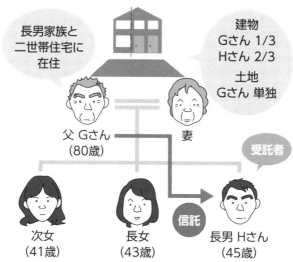

●親と同居していても自宅の信託は必要

　Gさん（80歳）は、長男のHさん（45歳・男性）、長女（43歳）、次女（41歳）の3人の子どもがいます。長女と次女は結婚して県外に

暮らしており、Ｇさん夫妻は長男のＨさん家族と二世帯住宅で暮らしています。土地はＧさん名義で、建物はＧさんが3分の1、Ｈさんが3分の2の共有です。

　親と同居しているＨさんは、将来、自宅は自分が相続できるようにＧさんに遺言を書いてもらっていますし、Ｇさんが将来、認知症になっても住むには問題ないと考えています。

　このように同居しているため、自宅が将来、空き家になることはなく、自宅の信託は不要だと思っている方は多いと思います。しかし、不動産の名義人の判断能力がなくなると困るのは、空き家になることだけではありません。

　近年、大きな台風や竜巻、大雨、大雪などの異常気象が続き、自分の住んでいる地域がいつ巻き込まれるか、人ごとではなくなっています。建物の老朽化だけでなく、異常気象によっても自宅の修繕が必要になるケースが増えているのです。そして、建物を修繕する際についても建物所有者の意思確認が求められます。工事契約の締結という法律行為があるからです。

　工事には多額の資金がかかるので、建物所有者に無断で工事することは業者のコンプライアンス上、問題があります。また、所有者が亡くなった後、相続人から「親の判断能力がないのに、勝手に工事をしたから工事契約は無効だ！　カネを返せ！」と損害賠償を請求されるおそれがあることも、取扱いが厳しくなっている理由です。

　所有者の意思が確認できない場合は、成年後見人をつけて契約することが求められます。しかし、親が元気な時は工事費用を全額負担してくれる可能性が高かったのに、成年後見人がつくと「Ｇさんの持ち分は3分の1だし、家族が住む家なので、全額は出せない」と言われるでしょう。さらには、「その工事は本当に必要なのか」と、工事自体を否認されるおそれもあります。

●建物の修繕に備え父親の持ち分を長男に変えておく

　相続法の改正も大きな影響があります。第1章（40〜42頁参照）で、相続法改正が不動産に与える影響を説明しましたが、実家の持ち主に相続が発生すると、相続人は一人だけで全員の相続人の名義を法定相続分で登記することができます。

　実家信託であらかじめ名義を変えておけば相続になっても慌てる必要はありません。このように信託することで建物の修繕工事が必要になれば、Hさんが工事の当事者として契約できますし、Gさんが亡くなっても、すでに信託で実家はHさん名義に変更されているので、相続人が勝手に自分名義の持ち分を登記することはできません。

　死亡後の受益者を契約で決めて、承継することもできるので遺言代わりにもなるのです（図表6-1）。

図表6-1　相続の発生時にも信託が有効

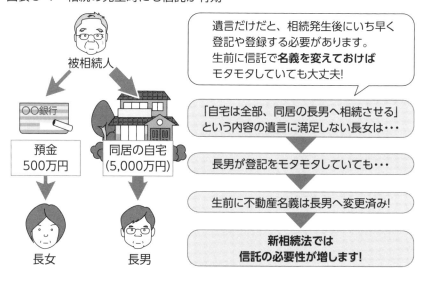

被相続人

遺言だけだと、相続発生後にいち早く登記や登録する必要があります。
生前に信託で**名義を変えておけば**モタモタしていても大丈夫！

〇〇銀行

預金
500万円

同居の自宅
（5,000万円）

長女　　　長男

「自宅は全部、同居の長男へ相続させる」という内容の遺言に満足しない長女は・・・

長男が登記をモタモタしていても・・・

生前に不動産名義は長男へ変更済み！

**新相続法では
信託の必要性が増します！**

＜同居の親子へのアプローチトークの例＞

　「近年は、建物の修繕工事をする必要があったときに、所有者が

認知症だと契約できないため、工事ができなくなってしまうのはご存知ですか？ また相続法が改正されて、ご自宅などの不動産の相続は『早い者勝ち』になってしまいました。つまり、遺言でご自宅を同居している長男様へすべて相続させると決めていても、イザ相続が起きてしまうと、自分の法定相続分を先に登記した相続人が自分の持ち分だけ売ることができるのです。不動産業者などの第三者へ売られてしまうと、新しい相続法では取り戻しができません。そのような心配をしないためにも、実家信託で生前に名義をご長男に変えておくのはいかがでしょうか？」

ケース7●外国人の配偶者がいる家族へのアプローチ

近年、国際結婚をする人が増えており、配偶者が外国人だったり、子どもが外国人と結婚することが珍しくなくなりました。

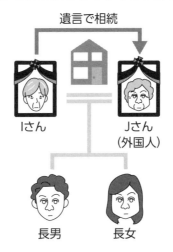

●外国人には戸籍制度がなく相続人を確定できない

Iさん（70歳・男性）は、外国人の妻Jさん（65歳）との間に子どもが2人いました。Iさんは自分が亡くなった後にJさんが困らないよう、自宅はJさんに相続させる遺言を書いていました。Iさんが亡くなり、

無事、自宅はJさんが相続しました。しかし、その後Jさんに突然、重い病気が見つかり1年後に亡くなってしまいました。

　相続が発生して遺言や信託をしていない場合、相続人全員で遺産分割協議をしなくてはなりません。相続手続きでは法務局や金融機関は、相続人が全員揃っているかを確認するので、相続人全員は亡くなった人の出生から死亡までの戸籍を提出する必要があります。

　日本人なら、役所で戸籍を集めて相続人を確定できます。しかし、海外のほとんどの国には戸籍制度がないため、外国人の親族が死亡した場合に相続人全員の確認ができません。

　つまり、Jさんの相続人全員が誰かを確認することはとても難しいため、相続手続きが進まなくなります。実家は空き家になるし、相続人の調査、遺産分割協議が難航し、残された子ども2人は困ってしまいました。

●外国人妻の相続に備え子どもに名義を移す

　このようなケースに備えて、あらかじめ信託で実家の名義は子どもとし、最初の受益者はIさん、Iさんが亡くなった後の受益者はJさん、Jさんが亡くなった後の受益者は2人の子どもたちに設定しておけば、Jさんの死亡の記載のある戸籍だけで、受益者の変更登記が可能となり、出生から死亡まで調べる必要はありません。

　同様の効果は、Jさんが遺言を書けば、スムーズに2人の子どもに相続させることができます。しかし、当初からの財産の所有者である父親は遺言を作成することはあっても、それを相続した後の母親に遺言が必要だと気づく子どもは多くはないでしょう。

　実家信託は、父親のIさん「一人が」受益者連続型の信託の手続きをしておくだけで、Jさんが亡くなってもスムーズに次の世代へ、そして、それ以降の世代へも承継させることができます。

<父親へのアプローチトークの例>

「奥様が外国の方とお聞きしましたが、外国の方は出生からの全ての戸籍がないので、もし奥様がお亡くなりになると、ご自宅が了孫へ承継されるための手続きに困難が予想されます。実家信託では、奥様の生活を守られるように、お父様にもしものことがあった場合には奥様がご自宅の財産の権利を受け取り、奥様の次はお子様がスムーズに承継できるよう、事前にお手続きができます。この実家信託という手続きで、奥様もお守りできますし、ご自宅も次の世代へ渡すことができますが、いかがでしょうか？」

ケース8●相続人が海外にいる家族へのアプローチ

　ケース7では外国人が被相続人の事例を紹介しましたが、日本人でも結婚して海外に住んでいたり、海外勤務しているなど、海外に居住している方も増えています。

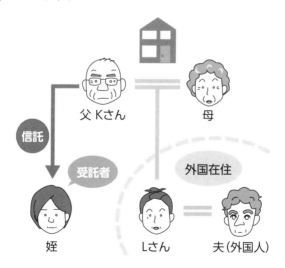

●外国在住の家族に実家信託で備えておく

　Kさん夫妻には、一人娘のLさん（55歳・女性）がいますが、Lさん

は外国人と結婚して海外に30年以上暮らしています。

　海外に子どもが居住している家族は、特に承継対策が必要です。なぜなら、相続がとても複雑で手間がかかるからです。海外にいると、相続手続きに必要となる印鑑証明書や住民票が発行できません。遺産分割協議書には相続人全員が実印を押して印鑑証明書を付けますが、海外にいる相続人は、実印を押してもそれを証明する印鑑証明書を付けられないので、その代わりになる署名証明や在留証明が必要です。

　在留証明は日本国大使館や日本国総領事館に、原則として本人が取りに行かなくてはなりません。それらの所在地が遠方にあると、取りに行くのがかなり大変です。そのため、付き合いのない相続人や不仲な相続人が海外にいた場合に、手続きが進められなくなるおそれがあります。これは相続税を申告する家族にとってはとても深刻な問題です。相続税の申告期限は10ヵ月なので、間に合わないおそれがあるからです。

　Kさん夫妻ともに遺言を書いて相続手続きが複雑にならないように備えていました。しかし、生前の対策はしていないため、Lさんは将来、親が施設に入らなければならなくなったときに対応できないことを不安に思っていました。そこで、Lさんは、国内に住み行き来しているKさんの姪（Lさんの従妹）にお願いし、実家を信託して、いざとなったときに金銭に換えられるように備えることにしました。

　＜海外に居住している子どもへのアプローチトークの例＞
「海外にお住まいだと、ご両親の生活が気になることでしょう。お父様にお願いして、信託で名義だけを信頼できる従妹さんに変えてもらえば、お父様に何かあったときにご実家を売ることができます。そして売却代金は従妹さんが管理してもらい、ご両親の介護費用として使えるので、海外にいらしてもご両親のお金の心配はなくなりますね」

ケース9●お一人様や相続人のいない夫婦へのアプローチ

子どもがいない夫婦や生涯独身の方が増えています。これらの方にきょうだいがいない場合（一人っ子で、すでに両親が亡くなっていると）、相続人がいない状態になります。

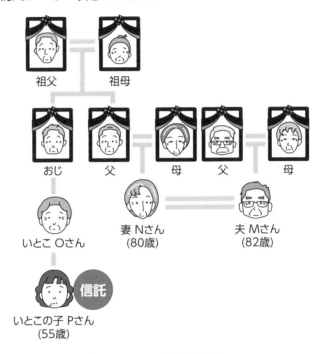

妻 Nさん
(80歳)

夫 Mさん
(82歳)

いとこ Oさん

祖父　　　祖母

おじ　　父　　母　　父　　母

信託

いとこの子 Pさん
(55歳)

●生前対策と遺言の代わりになる信託を提案

Mさんは妻Nさんとの2人暮らしで、子どもはいません。都心近郊の高級住宅街に一戸建てを構えて仲良く暮らしています。お互い、きょうだいがいないため、相続人はそれぞれの配偶者のみで、もし、Mさんが亡くなると、妻Nさんのみが相続人になり、妻Nさんが亡くなっても相続人はいないので、遺言を書かない限り、遺産を承継する人は誰もいなくなります。

隣の市に住んでいる、従妹のOさんやその子のPさんがこまめに連絡してくれて、月に数回訪ねてきて、MN夫妻に不自由がないかを気

にかけてくれています。

　ところで、夫婦2人とも亡くなってしまったときに、相続人がいない状態になりますが、遺産はすぐに国庫に帰属することにはなりません。裁判所での長くて面倒な手続きを経る必要があります。当然、手続きのために弁護士や司法書士などの専門家に依頼しなければなりません。専門家の費用もかかります。手間ひまかけても結局、国庫に帰属するのですから、手続きをする人はいないでしょう。つまり、価値ある不動産は承継されずに放置されて空き家になってしまうのです。

　生前対策も必要です。夫婦のどちらかが長期入院したり、欠けたりした場合、片方は施設に入る可能性が高まります。当然、自宅を売って金銭に換えることになりますが、高齢者が不動産売却の複雑な手続きを行うことは難しく、判断能力がなくなると後見人を付けないと売れません。

　夫婦が法律に通じていて、自ら、承継対策をOさんへ申し出てくれない限り、Oさんの方から認知症対策や遺言作成をM、Nさんにお願いすることは、はばかられるでしょう。財産目当てだと思われるのは不本意なことです。

　そのようなときに、専門家や馴染みの保険営業マン、銀行員、不動産業者などの第三者が一役買うことができるのです。生前対策と遺言の代わりになる信託を第三者から提案することで、問題の大部分を解決できます。

　＜相続人のいない妻へのアプローチトークの例＞
（前提：夫Mさんを亡くし相続で自宅の名義が妻Nさんになった）
　「ご主人様は多くの財産を遺してお亡くなりになられました。この財産はご夫婦で築き上げられたものですが、奥様がご苦労することなく余生をお過ごしになられるようにと、ご主人様の温かいお気

持ちの現れでございます。

　ご自宅はご主人様の名義でしたが、今は奥様名義になりました。OさんPさんが、今後も奥様に寄り添って行くためには、奥様が万が一、施設に入るようなことがあっても、必要があればご自宅を売却しそのお金を使う必要があります。さらには寿命を全うされた場合に、何も対策をしておかないと、どなたも受け取ることのできない財産になってしまいます。

　そこで、ご自宅を信託という制度をお使いになって、名義のみをN様へ変更されて、管理してもらい、万が一の場合には、Nさまが売却できるようにしておかれてはいかがでしょうか？」

ケース10●再婚した配偶者がいる家族へのアプローチ

　夫婦の3組に1組が離婚すると言われる現代において、再婚、再々婚のカップルが増えてきました。

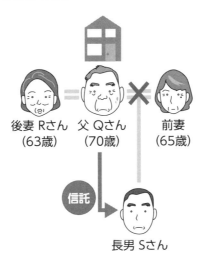

●「転ばぬ先の杖」として実家信託を活用してもらう

　Qさんは前妻と離婚し、長男Sを連れてRさんと再婚しました。Rさ

んとの間に子どもはいません。現在、長男夫婦はQ、Rさんと同居しています。Qさんは自分が亡くなった後はRさんに自宅を相続させて、Rさん死亡後は自宅を長男Sさんへ承継させることを望んでいます。

＜Qさんへのアプローチトークの例＞

「Qさんは、ご自宅を奥様のRさんへ相続させたいとのご希望ですが、遺言を書くのは『まだ早い』とお考えのようですね。

ところで、遺言ですと承継先をRさんと指定することはできても、Rさんが亡くなったら、その次は長男Sさんへ承継させる内容の遺言は作成できません。Rさんにきょうだいがいれば、Rさんに承継された自宅はRさんのきょうだいが相続人になりますし、Rさんが一人っ子だったら相続人がいない状態になります。

いずれにしても、Qさんの長男Sに戻ることはありません。一番困るのは、同居している長男Sさんです。場合によっては家を出なくてはならないかもしれません。Rさんにも遺言を書いてもらって、Qさんから継ぐ予定の自宅をRさんが亡くなったら長男Sさんへ相続させる、という内容にすることもできます。

しかし、遺言はRさんがお元気な間はいつでも書き換えられるので、長男Sさんは少し不安だと思うのです。実家信託ですと、Qさんの次はRさん、その次は長男Sさんと次から次へと、承継先を指定できます。信託は遺言と違って、一人では変更はできませんので、皆さんが安心できます。しかも、遺言と違って契約なので、亡くなるときのことばかりではありません。生前の認知症対策にも活用できます。

Qさんは認知症にはならないと思いますが、万が一、病気やケガで意思判断ができなくなってしまったときに家族が困らないよう、『転ばぬ先の杖』として実家信託をされてはいかがでしょうか？」

······＜コラム・高齢者は突然状況が変わることもある＞················

　Tさん（55歳・男性）は両親の近所に別居していました。最近、父親（80歳）の膝の調子が悪くて外出できず、家にこもりがちなのが気がかりでしたが、母親（75歳）はしっかりしていたので、10年くらいは助け合って住み続けるだろうと思っていました。しかし、元気だった母親に突然重い病が見つかり、緊急入院してしまいました。

　父親は日頃から家事を分担していたので、不便な生活にはならないはずでしたが、母親がいなくなって落ち込んでしまい、食事もノドを通りません。Tさんは近所に住んでいたので、Tさんの妻が掃除、洗濯、食事などの世話をすることになりました。しかし、父親自身も体調を崩して入院してしまったのです。

　実家は父親の単独名義でした。相談を受けた当初は両親とも元気だったので、対策が必要とは分かっていても、決断できずにいたようです。しかし、事件は突然訪れます。父親も入院したので実家が空き家になってしまいました。父親に判断能力がないと実家信託はできないので、その点を説明して早めの手続きをお願いしました。

　高齢者はいつ何が起こるか分かりません。早目、早目の対応が必要で、このように緊急対応をしなくてはならない事案も多くあります。

おわりに

　私が理事長を務めさせていただいている一般社団法人実家信託協会の
フリーダイヤルは「0120-44-0855」です。この番号には私たちの理念
が込められています。

　解読できますか？

　４４（４と４を合わせて「四（し）合わせ」）で、０８５５（オ・
ヤ・コー・コー）、つまり「幸せ親孝行」です。

　親の介護は親の財産でまかなうことが実は難しいこと、特に実家の処
分についてのハードルが高いことは、多くの方はご存知ありません。さ
らにこれらの情報は、なかなか世間に伝わっていないのが現状です。

　実家の問題は、介護や空き家の問題に直結します。ご親族の方々が親
のために、実家のために、対策を取ろうと動かれる姿は、実家信託協会
の理念と合致します。そして、この理念に共感して、快く税務監修をお
引き受けいただいた公認会計士、税理士の成田一正先生には貴重なご助
言を多数賜り、心より感謝しております。

　今後は団塊の世代が後期高齢者になる2025年問題が待ち構えており、
高齢者の財産凍結は個人の問題に留まらず、国家の経済活動が停滞して
しまう大きな要因になります。

　私は日本で生を受けたことにとても感謝しています。その幸せをかみ
しめながら、日本に恩返しができるよう、実家信託を広め全国の皆様が
親孝行できるよう活動していきたいと思っています。

　全国の認知症や相続に関わるお仕事をされている専門家の皆様。親孝
行の後継ぎさんを一緒に応援していきましょう。

著　者

●参考文献●

『実務者必携　民事信託を活用するための基本と応用』成田一正他（大蔵財
　務協会・2018年）

『条解信託法』道垣内弘人（弘文堂・2017年）

『信託登記の実務』信託登記実務研究会（日本加除出版・2016年）

『空き家にさせない！「実家信託」』杉谷範子（日本法令・2016年）

『家族信託活用マニュアル』河合保弘（日本法令・2015年）

『任意後見契約書の解説と実務』山本修、冨永忠祐、清水恵介　編著（三協
　法規出版・2014年）

●税務監修●

成田　一正（なりた かずまさ）

公認会計士、税理士、行政書士
国税専門官として税務調査に従事後、大手監査法人にて法定監査・株式公開のバックアッ
プに従事。この頃から事業承継対策を専門とする。1989年成田公認会計士事務所を設立。
2011年税理士法人おおたかを設立、代表社員に就任、現在特別顧問。

主な著書（共著含む）
『民法相続法の改正が相続実務に及ぼす影響と対策』監修（法令出版・2020年）
『賃貸アパート・マンションの民事信託実務』共著（日本法令・2019年）
『年度版 税制改正と実務の徹底対策』（日本法令）
『民事信託を活用するための基本と応用』共著（大蔵財務協会・2018年）
『「危ない」民事信託の見分け方』監修（日本法令・2016年）
『信託を活用したケース別 相続・贈与・事業承継対策』監修（日本法令・2014年）
『Q&A 事業承継・自社株対策の実践と手法』共著（日本法令・2012年）
『連載　知っておきたい家族信託の税務』（『家族信託実務ガイド』日本法令）
他多数

●著者紹介●

杉谷 範子 (すぎたに のりこ)

実家信託協会理事長
司法書士法人ソレイユ 代表司法書士
京都女子大学卒業後、東京銀行(現・三菱UFJ銀行)を経て、2003年司法書士登録。
信託法大改正直後から研究を重ね、相続・事業承継コンサルティングで、多くのクライアントの信頼と実績を得ている。信託法学会会員。NHK「クローズアップ現代＋(プラス)」、「あさイチ」にコメンテーターとして出演。

主な著書(共著含む)
『認知症の親の介護に困らない「家族信託」の本』(大和出版・2018年)
『空き家にさせない!「実家信託」』(日本法令・2016年)
『誰でも使える民事信託』(日本加除出版・2012年)
『中小企業の経営承継 長寿企業に通じる分析・計画・リスクマネジメントの実務と12の相談事例』(日本加除出版・2010年)
『中小企業のための戦略的定款』(民事法研究会・2008年)
『「種類株式プラスα」徹底活用法』(ダイヤモンド社・2007年)
『誰でもわかる新会社法の超入門』(C&R研究所・2007年)
『銀行員のための新会社法』(銀行研修社・2006年) 他多数

介護とお金の悩みを実家で解決する本
～認知症で資産を凍結させない実家信託活用法

2020年3月26日 初版発行

著 者 ——— 杉谷 範子
発行者 ——— 楠 真一郎
発 行 ——— 株式会社近代セールス社
　　　　　　〒165-0026 東京都中野区新井2-10-11 ヤシマ1804ビル4階
　　　　　　電 話 03-6866-7586
　　　　　　FAX 03-6866-7596
印刷・製本 ——— 株式会社暁印刷
イラスト・装丁 — Rococo Creative

ISBN 978-4-7650-2164-7